U0632765

SHANGMAO QIYE KUAIJI SHIXUN

商贸企业会计实训

主　编　许仁忠　杨　洋
副主编　陈　红　李慧蓉　赵继红

西南财经大学出版社
Southwestern University of Finance & Economics Press

高职高专"十二五"规划精品教材·会计专业系列

编 委 会

主　任：许仁忠

副主任（以姓氏笔画为序）：陈　红　赵继红

成　员（以姓氏笔画为序）：

王伯平　许仁忠　刘　莉　刘春华

李华仙　李慧蓉　何　凡　陈　红

陈丽英　陈昌才　杨　洋　张　会

张世忠　张凯悦　周凤莲　周丽梅

赵继红　钟　杰　钟　涛　彭心奕

贾朝莉　廖　选

总 序

　　高等职业教育的培养目标是高素质技术应用型人才。高职高专会计专业肩负着培养素质高、技术强的应用型财务会计人才的重任。为了促进专业教学的发展，我们组织编写了这套《高职高专"十二五"规划精品教材·会计专业系列》。按照三年的教学计划和进程，系列规划教材共有十册：《基础会计》《基础会计实训》《财经法规与会计职业道德》《初级会计实务》《成本会计》《商贸企业会计实训》《工业企业会计实训》《纳税实务》《会计电算化》《财务人员在企业管理中的能力拓展》，期望能为提高高职高专会计专业教学水平尽绵薄之力。

　　整套教材编写的指导思想是面向企业的实际需要，结合学生的基本现状，力争通俗易懂、学以致用。财务会计是经济管理中进入行业门槛时对专业技能要求最高的工作，也是经济管理类学科中技术含量最为丰富的工作。要使高职高专会计专业毕业生走上岗位就能动手独立操作，胜任工作，减少企业再次培训的成本和精力，必须时时处处从工作岗位实际需要着手，让学生掌握好会计工作的各项动手操作技能。为此，有一套能高度仿真会计岗位工作实践的教材尤为重要，这也是我们编写这套教材的初衷。

　　本套教材在编写中本着"课堂就是岗位"的实践理念，着重实践，强调实训，强调培养学生的动手操作能力，在内容组织和安排上，岗位实训的材料较为丰富。为此，在编写时注重精心挑选案例和素材，所挑选的案例与素材均从多年教学与实训工作实际中获得，以让学生切实掌握好会计工作的各项专业操作技能和专业基础知识。密切联系企业实际情况、切实打造学生专业操作技能的实践性原则是本套教材的最大亮点。编者期望能通过这种安排，加强实训练习，达到让学生毕业即能上岗胜任工作的目的。编者更期望能与使用本套教材的同仁一起，为实现高职高专会计专业培养目标共同努力。

　　为了方便使用本套教材的教师教学，考虑到选用的实训内容和材料较多，本套教材在编写的同时，还同步编写了教材习题的全套题解和答案，同时制作了教学课件。需用题解和课件的教师可登录西财出版网（网址：http://www.bookcj.com）下载，也可通过 xurz_ t@ swufe. edu. cn 或 qq 号 736982502 与编者联系取用，相互切磋交流。

　　本套教材的编者从事会计专业高等职业教育数年，具有较为丰富的教学实践经验。编写中参考了一些专家学者的成果和资料，在此一并致以诚挚感谢。由于学识有限，恳请广大读者和师生对书中误漏之处予以赐教指正。编写中得到了西南财经大学出版社的大力支持，在此表示衷心感谢！

编委会

二零一一年八月

前　言

　　《商贸企业会计实训》是"高职高专'十二五'规划精品教材·会计专业系列"中的一册，是高职高专在校学生学习和掌握商贸企业会计知识与技能的实训教材，是高职高专在校学生在学习完初级会计实务课程后进入专业会计实训的又一门重要课程，也是高职高专在校学生进行企业会计实训的关键环节。

　　《商贸企业会计实训》分为两个部分。第一篇是商贸企业会计单项实训，包括实训企业概况、批发商品购进的业务核算、批发商品销售的业务核算、零售商品购进的业务核算、零售商品销售的业务核算等内容。第二篇是商业业会计综合实训，包括实训企业概况、实训目的、实训资料和实训要求等内容。实训企业概况包括企业基本资料、企业机构设置、企业核算总则等内容；实训资料包括建账资料和发生的经济业务及原始凭证等内容；实训要求包括建账、审核原始凭证、编制记账凭证、登账、对账、结账、编制会计报表、分析会计报表、会计档案的装订加工等内容。

　　商贸企业会计实训是高职高专会计专业必修的专业基础课程，是相当数量高职高专会计专业学生在毕业后走上工作岗位都要面临的会计工作，因此，我们在编写时注重了内容选取上的广泛性，同时强调内容讲授上的针对性，特别重视与商贸企业实际经济活动紧密结合。我们期望这种与实际紧密结合的实训能对高职高专会计专业学生日后从事商贸企业会计工作有所帮助与补益。

　　本书在编写时强调商贸企业会计实际操作能力的训练，着重对原始凭证审核与记账凭证编制，记账、对账与结账，会计报表编制等环节的训练，强调培养学生的动手能力，包括编写记账凭证、登记会计账簿、编制会计报表等等，以学生毕业上岗即能进行工业企业会计账务处理与核算为目标，引导学生在实践实训上下工夫。编者期望能通过密切联系实际的学习，让学生真正学会和掌握商贸企业会计账务处理与核算的技能，为走上工作岗位即能胜任商贸企业会计工作作好准备。

编　者

二零一二年八月

目 录

第一篇 商贸企业会计单项实训

实训企业概况

一、企业基本资料

企业名称：四川天一商贸有限公司

地　　址：成都市文景路 28 号

联系电话：028 – 83107268

法定代表人：陈天一

企业类型：有限责任公司

企业代码：2390001900

税务计算机代码：2456720

纳税人识别号：510101122380052

注册资金：100 万元（人民币）

经营范围：商品批发零售

银行开户：基本存款户——工商银行成都分行文景分理处

账　　号：400086123768

二、企业机构设置

1. 零售事业部

食品组（方便面、汇源果汁、可口可乐、雪碧、糖果）

家纺组（蚕丝被、床上四件套）

2. 批发事业部

厨具类（不锈钢锅、压力锅）

果品类（糖果、水果）

三、企业核算方法

部门	库存商品核算方法	商品销售成本核算	销售收入价税处理
食品组	售价金额核算	分柜组差价率法	月末
家纺组	数量售价金额核算	综合差价率法	月末

续表

部门	库存商品核算方法	商品销售成本核算	销售收入价税处理
厨具类	数量售价金额核算	综合差价率法	月末
果品类	进价金额核算	个别计价法	月末

四、企业利润核算

利润核算采用"账结法"，每月计算利润预交所得税，年终进行汇算清缴。

1. 增值税税率为 17%（收购的农副产品按买价的 13% 扣除率计算进项税额，支付的运费按 7% 计算进项税额），城市维护建设税税率为 7%，教育费附加为 3%，所得税税率为 25%。

2. 一般盈余公积金的提取比例为 10%，公益金为 5%。

五、企业财务成员

公司财务主管：夏薇

出纳：余静

会计：王梦

单项实训一　批发商品购进的业务核算

一、知识要点

（一）批发商品购进的主要原始凭证

1. 增值税专用发票，基本联次为三联：记账联、抵扣联、发票联（表1-1-1）。

表1-1-1

四川增值税专用发票　No 52102671

发票联

开票日期：2011年2月2日

购货单位	名　　　称：四川天一商贸有限公司 纳税人识别号：510101122380052 地　址、电话：成都市文景路28号 开户行及账号：工行文景分理处400086123768	密码区		略		
货物或应税劳务名称	规格型号	单位	数量	单价	金额	税率	税额

货物或应税劳务名称	规格型号	单位	数量	单价	金额	税率	税额
不锈钢锅		只	500	200.00	100,000.00	17%	17,000.00
合　计					￥100,000.00	17%	￥17,000.00
价税合计（大写）	⊗壹拾壹万柒仟元整				（小写）￥117,000.00		

销货单位	名　　　称：攀枝花市美佳不锈钢制品厂 纳税人识别号：111945785922356 地　址、电话：攀枝花市民航路113号58244711 开户行及账号：工商银行民航路支行01-011-282	备注	

收款人：李丽　　　复核：白文　　　开票人：张叶　　　销货单位：（章）

第三联：发票联　购货方记账凭证

2. 批发商品收货单（或进仓单、商品验收单等），基本联次为三联：存根联、结算联、入库联或收货联（表1-1-2、表1-1-3）。

表1-1-2

收　货　单

编号：23486547

供货单位：成都沙河源食品厂　　　2012年8月8日　　　收货部门：批发部

食品名称	购　进　价　格				零　售　价　格				进销差价
	单位	数量	单价	金额	单位	数量	单价	金额	
糖果	千克	5,000	25.00	125,000.00	千克	5,000	40.00	200,000.00	75,000.00
合　　计				￥125,000.00				￥200,000.00	￥75,000.00

结算联

收货人：王义

表1-1-3

收 货 单

编号： 23486547

供货单位：成都沙河源食品厂　　　　　　2012年8月8日　　　　　　　　　　收货部门：批发部

食品名称	购进价格				零售价格				进销差价	入库联
	单位	数量	单价	金额	单位	数量	单价	金额		
糖果	千克	5,000	25.00	125,000.00	千克	5,000	40.00	200,000.00	75,000.00	
合　计			¥125,000.00					¥200,000.00	¥75,000.00	

收货人：王义

批发商品购进业务由业务部门与供货单位签订购销合同，合同一式三份，供货单位、业务部门和财会部门各留一份。业务部门根据供货单位开来的增值税专用发票，与合同核对相符后，即填制收货单，将增值税专用发票和收货单送交财会部门，财会部门审核无误后，作为付款的依据。购进的商品由批发部仓库负责验收，并将收货单入库联交财会部门，财会部门据以增加库存商品。

（二）批发商品购进的一般业务程序

1. 同城商品购进的一般业务程序

（1）商品的交接方式：送货制或提货制。

（2）货款的结算方式：支票、银行本票、委托收款、商业汇票、信用卡等。

（3）一般业务程序

① 送货制条件下的业务程序（图1-1-1）

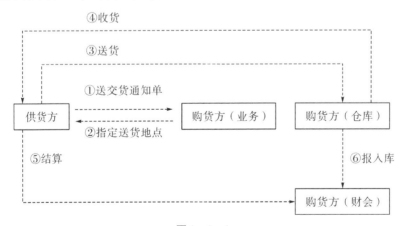

图1-1-1

② 送货制条件下的单证传递程序（支票结算方式）

相关凭证：增值税发票、支票、收货单。

业务流程（图1-1-2）：

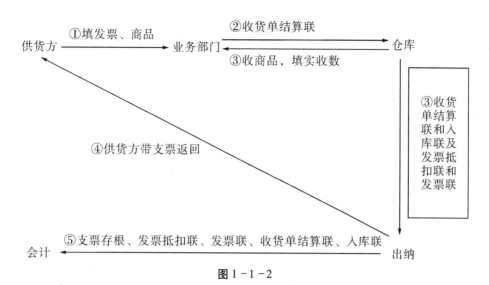

图 1 - 1 - 2

2. 异地商品购进的一般业务程序

（1）商品的交接方式：发货制。

（2）发货制条件下的货款的结算方式：托收承付、银行汇票、商业汇票、汇兑等。

（3）一般业务程序

发货制条件下的业务程序为：

发货制条件下的单证传递程序内（托收承付结算方式）：

①单到时：

相关凭证：增值税发票、托收承付凭证、运单、收货单

业务流程（图 1 - 1 - 3）：

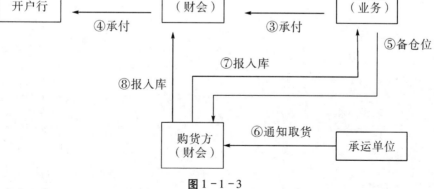

图 1 - 1 - 3

②货到时：

相关凭证：商品、增值税发票、运单

业务流程（图 1 - 1 - 4）：

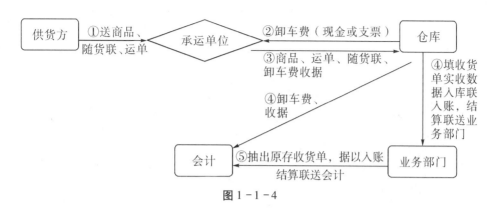

图 1－1－4

二、实训目的

通过实训，明确批发企业商品购进的一般业务程序及一般核算，掌握主要原始凭证的填制、传递，以及据以填制记账凭证的技能方法。

三、实训资料

2011 年 2 月份批发事业部发生购进的有关经济业务及原始凭证如下：

1. 2 日，批发事业部从攀枝花市美佳不锈钢制品厂购进不锈钢锅一批，商品已验收入库，电汇结算。

凭证 1－1－4①

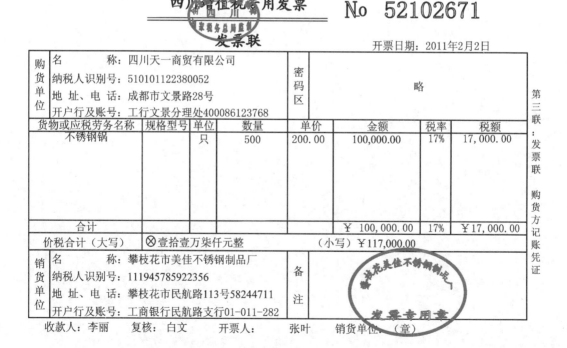

---

① 注：凭证 1－1－4 表示第一笔业务的四张凭证中的第一张。

凭证 1-2-4

收　货　单

收货部门：批发事业部

供货单位：攀枝花美佳不锈钢制品厂　　　　　　编号：27502101

2011年　　　2月　　　2日

商品名称	规格	单位	应收数量	实收数量	单价	金额
不锈钢锅		件	500	500	200.00	100,000.00
合　计						￥100,000.00

结算联

收货人：　王刚

凭证 1-3-4

收　货　单

收货部门：批发事业部

供货单位：攀枝花美佳不锈钢制品厂　　　　　　编号：27502101

2011年　　　2月　　　2日

商品名称	规格	单位	应收数量	实收数量	单价	金额
不锈钢锅		件	500	500	200.00	100,000.00
合　计						￥100,000.00

入库联

收货人：　王刚

凭证 1-4-4

中国工商银行电汇凭证（回单）　1

委托日期　　2011　年 2 月 2 日　　　　　第　　号

汇款人	全　称	四川天一商贸有限公司			收款人	全　称	攀枝花市美佳不锈钢制品厂				
	账号或住址	400086123768				账号或住址	01-011-282				
	汇出地点	四川成都	汇出行全称	工行成都市文景分理处		汇入地点	四川		汇入行名	工行民航路支行	
金额	人民币（大写）	壹拾壹万柒仟元整							￥117 00000		
汇款用途：支付货款								2011年2月2日　汇出行盖章	2011 年 2 月 2 日		
单位主管		会计		复核		记账					

此联为汇出行给汇款人的回单

中国工商银行成都市分行文景分理处 2011年2月2日 转讫 汇出行盖章

2. 5日，向成都市沙河源食品厂购入糖果一批，商品已验收入库，并以转账支票结算。

凭证 2－1－4

收　货　单

收货部门：批发事业部
供货单位：成都市沙河源食品厂　　　　　　　　编号：27502102

　　　　　　　　　　2011年　　　　2月　　　　5日

商品名称	规格	单位	应收数量	实收数量	单价	金额	
不锈钢锅		件	500	500	25.00	12,500.00	结算联
合　计						￥12,500.00	

收货人：王刚

凭证 2－2－4

收　货　单

收货部门：批发事业部
供货单位：成都市沙河源食品厂　　　　　　　　编号：27502102

　　　　　　　　　　2011年　　　　2月　　　　5日

商品名称	规格	单位	应收数量	实收数量	单价	金额	
不锈钢锅		件	500	500	25.00	12,500.00	入库联
合　计						￥12,500.00	

收货人：王刚

凭证 2 - 3 - 4

四川增值税专用发票 No 61002368

发票联

开票日期：2011年2月5日

购货单位	名　　称：四川天一商贸有限公司 纳税人识别号：510101122380052 地址、电话：成都市文景路28号 开户行及账号：工行文景分理处400086123768		密码区	略			
货物或应税劳务名称	规格型号	单位	数量	单价	金额	税率	税额
糖果		千克	500	25.00	12,500.00	17%	2,125.00
合　计					￥12,500.00	17%	￥2,125.00
价税合计（大写）　　⊗ 壹万肆仟陆佰贰拾伍元整					（小写）￥14,625.00		
销货单位	名　　称：成都市沙河源食品厂 纳税人识别号：235945785002311 地址、电话：成都市沙河路23号6974711 开户行及账号：工商银行沙河路支行34577895		备注				

收款人：张丽　　　复核：白宇　　　开票人：刘琴　　　销货单位：（章）

第三联：发票联 购货方记账凭证

凭证 2 - 4 - 4

中国工商银行

转账支票存根

支票号码 NO 0415216

科　　目
对方科目
签发日期 2011年2月5日
收款人：成都沙河源食品厂
金额：14,625.00元
用途：支付货款
备注：

单位主管　　会计

复　核　　记账

3. 10日，厨具组从浙江苏泊尔炊具公司购进压力锅一批，开出3个月期限无息的银行承兑汇票。经审核无误，同意承付，商品尚未入库。

凭证 3－1－2

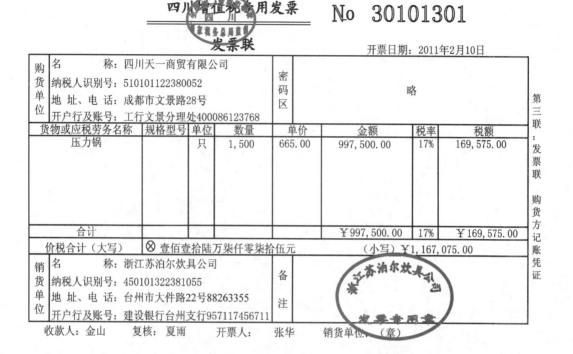

凭证 3－2－2

银行承兑汇票

委托日期：贰零壹壹 年 零贰 月 壹拾 日　　　　　　　　　　汇票号码：34768

	全　称	浙江苏泊尔炊具公司		全　称	四川天一商贸有限公司
收款人	账号或住址	957117456711	付款人	账号或住址	400086123768
	开户银行	建设银行台州支行		开户银行	工行文景分理处

金额	人民币（大写）	壹佰壹拾陆万柒仟零柒拾伍元整		千 百 十 万 千 百 十 元 角 分
				￥ 1 1 6 7 0 7 5 0 0

汇票到期日	贰零壹壹 年 零伍 月 壹拾 日	交易合同号	43286312

本汇票已由银行承兑，到期日无条件支付票款。

此致

出票人盖章：

承兑人盖章：
承兑日期：2011年5月10日

（中国工商银行成都市分行 文景分理处 2011年2月10日 汇票专用章）

4. 10日，从广元水果基地购入水果一批，款项未付，水果入库。

凭证4-1-3

四川增值税专用发票 No 30101302

发票联

开票日期：2011年2月10日

购货单位	名　　称：四川天一商贸有限公司					密码区		略			第三联：发票联　购货方记账凭证
	纳税人识别号：510101122380052										
	地址、电话：成都市文景路28号										
	开户行及账号：工行文景分理处40008612376										
货物或应税劳务名称	规格型号	单位	数量	单价		金额		税率	税额		
水果		千克	1,500	25.00		37,500.00		17%	6,375.00		
合计						￥ 37,500.00		17%	￥ 6,375.00		
价税合计（大写）	⊗ 肆万叁仟捌佰柒拾伍元整					（小写）￥43,875.00					
销货单位	名　　称：广元水果基地					备注					
	纳税人识别号：310101322376555										
	地址、电话：广元市双建路68号81264352										
	开户行及账号：建设银行广元支行567127454										

收款人：金山　　　复核：夏雨　　　开票人：张华　　　销货单位：（章）

凭证4-2-3

铁　路　货　票

提运单号 ： 52211

发站	广元	到站	成都站	车种车号		货车标重		承运人/托运人装车			
经由		货物运到期限		铁路蓬布号码							
运价里程		保价金额						现付费用			
托运人名称及地址		广元水果基地				费别	金额	费别	金额		
收货人名称及地址		四川天一商贸有限公司				运费	2,000.00	装卸费			
货物名称	品名代码	件数	货物质量	计费重量	运号	运价率	基金		过秤		
合　　计								2,000.00			
集装箱号码											
记事							合计	贰仟元整			

经办人：林苗　　　　　　　　　　　　日期：2011年2月10日

凭证 4 - 3 - 3

收　货　单

收货部门 果品类

供货单位 广元水果基地　　　　　　　　编号：17502102

2011年　　2月　　10日

商品名称	规格	单位	应收数量	实收数量	单价	金额	
水果		千克	1,500	1,500	26.50	39,750.00	结算联
合　　计						￥39,750.00	

收货人：王刚

5. 12日，从果农处收购水果，以现金付讫。

凭证 5 - 1 - 2

中国工商银行

现金支票存根

支票号码　NO 10087957

科　　目

对方科目

签发日期 2011年2月12日

收款人：四川天一商贸有限公司
金额：10,000.00元
用途：收购水果
备注：

单位主管　　会计

复　核　　记账

凭证 5 - 2 - 2

产品收购汇总表

填报单位：金堂收购站　　　　　　　　编号：23402201

2011年　　2月　　12日

商品名称	等级	单位	数量	单价	金额	备注
苹果	一级	千克	300	25.00	7,500.00	免税农产品
合　计					￥7,500.00	

（现金付讫）

审核：张志　　制单：李建　　　　　收货人：李建

6. 21 日，批发事业部从浙江苏泊尔炊具公司购入压力锅一批，商品未入库。

凭证 6 - 1 - 3

四川增值税专用发票　　No　301012305

发票联

开票日期：2011年2月21日

购货单位	名　　　　称：四川天一商贸有限公司 纳税人识别号：510101122380052 地　址、电话：成都市文景路28号 开户行及账号：工行文景分理处400086123768		密码区	略			
货物或应税劳务名称	规格型号	单位	数量	单价	金额	税率	税额
压力锅		只	500	665.00	332,500.00	17%	56,525.00
合计					¥332,500.00	17%	¥56,525.00
价税合计（大写）		⊗叁拾捌万玖仟零贰拾伍元整			（小写）¥389,025.00		
销货单位	名　　　　称：浙江苏泊尔炊具公司 纳税人识别号：450101322381055 地　址、电话：台州市大件路22号88263355 开户行及账号：建设银行台州支行957117456711		备注				

收款人：金山　　复核：夏雨　　开票人：张华　　销货单位：（章）

第三联：发票联　购货方记账凭证

凭证 6 - 2 - 3

中国工商银行

转账支票存根

支票号码　NO 0415318

科　　目	
对方科目	
签发日期	2011年2月21日
收款人：苏泊尔公司	
金额：389,025.00元	
用途：支付货款	
备注：	

单位主管　　　会计

复　核　　　记账

凭证 6 - 3 - 3

收　货　单

收货部门：批发事业部
供货单位：浙江苏泊尔炊具公司　　　　　　　编号：27502105

2011年　　　2月　　　21日

商品名称	规格	单位	应收数量	实收数量	单价	金额
压力锅		件	500		665.00	332,500.00
合　计						￥332,500.00

结算联

收货人：王刚

7. 23 日，批发事业部 21 日购入的压力锅验收入库。

凭证 7 - 1 - 1

收　货　单

收货部门：批发事业部
供货单位：浙江苏泊尔炊具公司　　　　　　　编号：27502105

2011年　　　2月　　　23日

商品名称	规格	单位	应收数量	实收数量	单价	金额
压力锅		件	500	500	665.00	332,500.00
合　计						￥332,500.00

入库联

收货人：王刚

四、实训要求

1. 根据经济事项填制有关原始凭证。
2. 根据原始凭证填制记账凭证（暂不编制凭证号）。

单项实训二　批发商品销售的业务核算

一、知识要点

（一）批发商品销售的主要原始凭证

1. 增值税专用发票，基本联次为三联：记账联、抵扣联、发票联（表1-2-1）。

表1-2-1

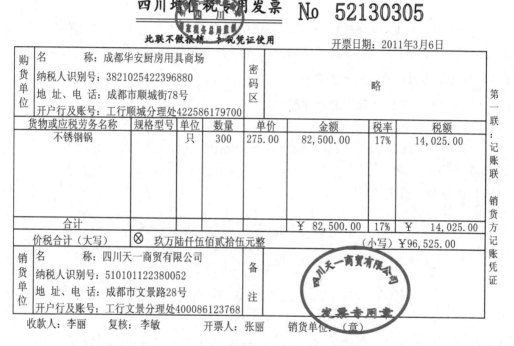

四川增值税专用发票　No 52130305

此联不做报销、不税凭证使用

开票日期：2011年3月6日

购货单位	名　　称：成都华安厨房用具商场 纳税人识别号：3821025422396880 地址、电话：成都市顺城街78号 开户行及账号：工行顺城分理处422586179700		密码区			略		
货物或应税劳务名称	规格型号	单位	数量	单价	金额	税率	税额	
不锈钢锅		只	300	275.00	82,500.00	17%	14,025.00	
合　计					￥82,500.00	17%	￥14,025.00	
价税合计（大写）　⊗　玖万陆仟伍佰贰拾伍元整						（小写）￥96,525.00		
销货单位	名　　称：四川天一商贸有限公司 纳税人识别号：510101122380052 地址、电话：成都市文景路28号 开户行及账号：工行文景分理处400086123768		备注					

第一联：记账联　销货方记账凭证

收款人：李丽　　复核：李敏　　开票人：张丽　　销货单位：（章）

2. 批发商品收发货单或出仓单，基本联次为三联：存根联、结算联、出库联或发货联（表1-2-2、表1-1-3）。

表1-2-2

发货单

编号：01005

购货单位：　　　　　2011年3月8日　　　　　发货仓库：

货号	品名	规格	单位	数量	单价	金额	
（略）	男西装		件	100	290.00	29,000.00	出库联
	女时装		件	100	205.00	20,500.00	
合　　计						￥49,500.00	

发货人：　　　　　　　　　　　　制单人：

表1-2-3

发货单

购货单位：　　　　　2011年3月8日　　　　　发货仓库：

货号	品名	规格	单位	数量	单价	金额	
（略）	男西装		件	100	290.00	29,000.00	结算联
	女时装		件	100	205.00	20,500.00	
合　计						￥49,500.00	

发货人：　　　　　　　　　　　　制单人：

批发商品销售业务根据购销合同填制增值税专用发票，仓库发货后填制发货单送交财会部门，审核无误后，按合同规定与购货单位办理结算。

（二）批发商品销售的一般业务程序

1. 同城商品销售过程中的业务程序

（1）商品的交接方式：送货制或提货制。

（2）货款的结算方式：支票、银行本票、委托收款、商业汇票、信用卡等。

（3）一般业务程序：

① 提货制下的业务程序（图1-2-1）：

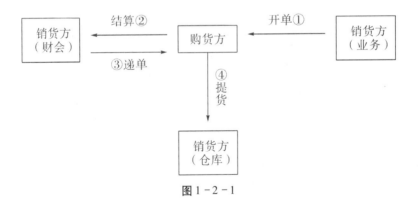

图1-2-1

② 提货制下的单证传递程序：

相关凭证：支票、增值税发票、银行进账单。

业务流程（图1-2-2）：

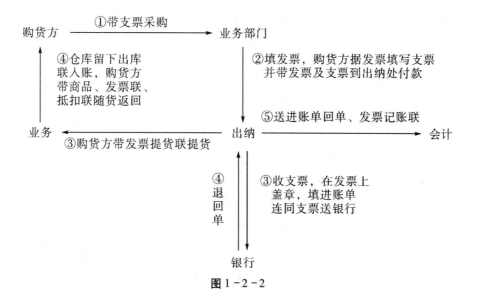

图1-2-2

2. 异地商品销售过程中的业务程序

（1）商品的交接方式：发货制。

（2）货款的结算方式：银行汇票、委托收款、商业汇票、信用卡等。

（3）一般业务程序：

① 发货制下的业务程序（图1-2-3）：

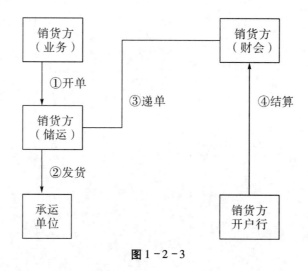

图1-2-3

② 发货制下的单证传递程序：

相关凭证：增值税发票、托收承付凭证、运单、货票。

业务流程（图1-2-4）：

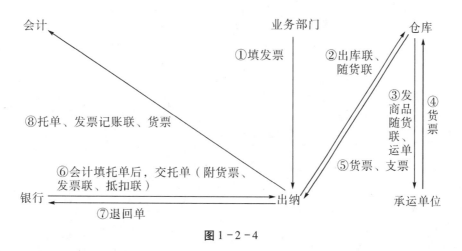

图 1 - 2 - 4

二、实训目的

通过实训，明确批发企业商品销售的一般业务流程及一般核算，掌握主要原始凭证的填制、传递以及据以填制记账凭证的技能方法。

三、实训资料

2011 年 3 月份批发事业部发生销售的有关经济业务及原始凭证如下：

1. 6 日，批发部向成都市华安厨房用具商场销售不锈钢锅一批，以转账支票结算。

凭证 1 - 1 - 2

工商银行进账单（回单）　　　1

<table>
<tr><td colspan="3"></td><td colspan="2">2011 年 3 月 6日</td><td colspan="8">第　　　　号</td><td rowspan="5">此联送票人作送票依据</td></tr>
<tr><td rowspan="3">出票人</td><td>全　称</td><td>成都华安厨房用具商场</td><td colspan="2">票据种类</td><td colspan="8"></td></tr>
<tr><td>账号</td><td>422586179700</td><td colspan="2">票据张数</td><td colspan="8"></td></tr>
<tr><td>开户银行</td><td>工行顺城分理处</td><td colspan="2">票据号码</td><td colspan="8"></td></tr>
<tr><td rowspan="2">人民币（大写）</td><td colspan="2" rowspan="2">人民币：玖万陆仟伍佰贰拾伍元整</td><td></td><td>千</td><td>百</td><td>十</td><td>万</td><td>千</td><td>百</td><td>十</td><td>元</td><td>角</td><td>分</td></tr>
<tr><td>中国工商银行</td><td></td><td></td><td>￥</td><td>9</td><td>6</td><td>5</td><td>2</td><td>5</td><td>0</td><td>0</td></tr>
<tr><td rowspan="3">收款人（持票人）</td><td>全　称</td><td>四川天一商贸有限公司</td><td colspan="5" rowspan="3">文景分理处
2011年3月6日
转讫
（受票银行盖章）</td><td colspan="5"></td><td rowspan="3">送票依据</td></tr>
<tr><td>账号</td><td>400086123768</td><td colspan="5"></td></tr>
<tr><td>开户银行</td><td>工行文景分理处</td><td colspan="5"></td></tr>
<tr><td>备注：</td><td colspan="2"></td><td colspan="5"></td><td colspan="5"></td></tr>
</table>

此联仅作送票依据，不作提货依据；书写时请注意切勿污染第二联磁码打印区域。

凭证 1 - 2 - 2

四川增值税专用发票　No 52130305

此联不做报销、抵税凭证使用

开票日期：2011年3月6日

购货单位	名　　称：成都华安厨房用具商场				密码区					第一联：记账联 销货方记账凭证
	纳税人识别号：3821025422396880					略				
	地　址、电话：成都市顺城街78号									
	开户行及账号：工行顺城分理处422586179700									
货物或应税劳务名称	规格型号	单位	数量	单价	金额		税率	税额		
不锈钢锅		只	300	275.00	82,500.00		17%	14,025.00		
合计					￥82,500.00		17%	￥14,025.00		
价税合计（大写）	⊗玖万陆仟伍佰贰拾伍元整						（小写）￥96,525.00			
销货单位	名　　称：四川天一商贸有限公司				备注					
	纳税人识别号：510101122380052									
	地　址、电话：成都市文景路28号									
	开户行及账号：工行文景分理处400086123768									

收款人：李丽　　复核：李敏　　开票人：张丽　　销货单位：（章）

2.9日，食品组向新世界商场销售水果一批，货款尚未收到。

凭证 2 - 1 - 1

四川增值税专用发票　No 52130306

此联不做报销、抵税凭证使用

开票日期：2011年3月9日

购货单位	名　　称：成都市新世界商场				密码区					第一联：记账联 销货方记账凭证
	纳税人识别号：3359770889402532					略				
	地　址、电话：成都市人民南路路50号8095523									
	开户行及账号：工商银行人民南路支行75589805802									
货物或应税劳务名称	规格型号	单位	数量	单价	金额		税率	税额		
水果		千克	1,000	50.00	50,000.00		17%	8,500.00		
合计					￥50,000.00		17%	￥8,500.00		
价税合计（大写）	⊗伍万捌仟伍佰元整						（小写）￥58,500.00			
销货单位	名　　称：四川天一商贸有限公司				备注					
	纳税人识别号：510101122380052									
	地　址、电话：成都市文景路28号									
	开户行及账号：工行文景分理处400086123768									

收款人：张之民　　复核：李文　　开票人：　　刘威　　销货单位：（章）

3. 12 日，批发事业部销售给绵阳五洲商场压力锅一批，商品已发出，货款尚未收取。

凭证 3－1－2

四川增值税专用发票　№ 52130307

此联不做报销、扣税凭证使用

开票日期：2011年3月12日

第一联：记账联　销货方记账凭证

| 购货单位 | 名　称：绵阳五洲商场 纳税人识别号：356101124383337 地　址、电　话：绵阳市道里街10号 开户行及账号：工行道里分理处400045123319 | 密码区 | 略 |

货物或应税劳务名称	规格型号	单位	数量	单价	金额	税率	税额
压力锅		只	550	750.00	412,500.00	17%	70,125.00
合　计					￥412,500.00	17%	￥70,125.00

| 价税合计（大写） | ⊗ 肆拾捌万贰仟陆佰贰拾伍元整 | （小写）￥482,625.00 |

| 销货单位 | 名　称：四川天一商贸有限公司 纳税人识别号：510101122380052 地　址、电　话：成都市文景路28号 开户行及账号：工行文景分理处400086123768 | 备注 | |

收款人：金山　　复核：夏雨　　开票人：张华　　销货单位：（章）

凭证 3－2－2

商品出库单

委托方：　四川天一商贸有限公司　　　　　　　受托方：绵阳五洲商场

2011年　　　3月　　　　12日

商品名称	单位	数量	进　价		售　价	
			单价	金额	单价	金额
压力锅	只	550	665.00	365,750.00	750.00	412,500.00
合　计				￥365,750.00		￥412,500.00

出库地点：批发部仓库　　　　　　　　　　　　保管员：李明

4. 12 日，批发部向绵阳五洲商场销售方便面一批，已经办好托收手续。

凭证 4－1－2

四川增值税专用发票				No 52130308			

此联不做报销、车税凭证使用　　　　　　　　开票日期：2011年3月12日

购货单位	名　　　称：绵阳五洲商场 纳税人识别号：356101124383337 地址、电话：绵阳市道里街10号 开户行及账号：工行道里分理处400045123319				密码区		略	
货物或应税劳务名称	规格型号	单位	数量	单价	金额	税率	税额
方便面		箱	500	80.00	40,000.00	17%	6,800.00
合计					¥40,000.00	17%	¥6,800.00
价税合计（大写）	⊗　肆万陆仟捌佰元整					（小写）¥46,800.00	
销货单位	名　　　称：四川天一商贸有限公司 纳税人识别号：510101122380052 地址、电话：成都市文景路28号 开户行及账号：工行文景分理处400086123768				备注			

第一联：记账联　销货方记账凭证

收款人：金山　　复核：夏雨　　开票人：张华　　销货单位：（章）

凭证 4－2－2

托 收 凭 证 （回单）　　1

委托日期：2011 年 3 月 12 日　　付款期限：　年　月　日　　编号：573605

	业务类	委托收款（□邮划□电划）　托收承付（□邮划□电划）													
收款人	全　　称	四川天一商贸有限公司	付款人	全　　称	绵阳五洲商场										
	账号或住址	400086123768		账号或住址	400045123319										
	开户银行	工行文景分理处		开户银行	工行道里分理处										
金额	人民币（大写）	肆万陆仟捌佰元整				千	百	十	万	千	百	十	元	角	分
								¥	4	6	8	0	0	0	0
	款项名称	货款	委托收款凭证名称	发票	附单证张数			2张							
备注：															

此联是收款人开户银行给收款人的回单

中国工商银行成都市分行　文景分理处　2011年3月12日

5. 16 日，绵阳五洲商场发现 12 日所购的方便面有霉变，要求给予一定的折让，经协商，在价格上给予其 10% 的折让。

凭证 5 - 1 - 2

（红字）　　四川增值税专用发票　　No 52130309

此联不做报销、记账凭证使用

开票日期：2011年3月16日

购货单位	名　　　称：绵阳五洲商场		密码区			略		
	纳税人识别号：356101124383337							
	地　址、电　话：绵阳市道里街10号							
	开户行及账号：工行道里分理处400045123319							
货物或应税劳务名称	规格型号	单位	数量	单价	金额	税率	税额	
方便面		箱	500	8.00	4,000.00	17%	680.00	
合计					￥4,000.00	17%	￥680.00	
价税合计（大写）	⊗ 肆仟陆佰捌拾元整				（小写）￥4,680.00			
销货单位	名　　　称：四川天一商贸有限公司		备注					
	纳税人识别号：510101122380052							
	地　址、电　话：成都市文景路28号							
	开户行及账号：工行文景分理处400086123768							

第一联：记账联　销货方记账凭证

收款人：金山　　复核：夏雨　　开票人：张华　　销货单位　（章）

凭证 5 - 2 - 2

成都市国家税务局
企业进货退出及索取折让证明单

NO.5748

销货单位	全称	四川天一商贸有限公司			
	税务登记号	510101122380052			
进货退出	货物名称	单价	数量	货款	税额
索取折让	货物名称	货款	税额	要求	
				折让金额	折让税额
		40,000.00	6,800.00	4,000.00	680.00
退货或索取折让理由	商品瑕疵 单位签章 2011年3月16日		税务征收机关盖章	经办人：同意 成都市国税局 2011年3月16日	
购货单位	全称	绵阳五洲商场			
	税务登记号	356101124383337			

第二联：销货单位留存

本证明单一式三联：

第一联：征收机关留存；第二联：交销货单位；第三联：购货单位留存。

6. 16 日，批发事业部向绵阳五洲商场销售水果一批，货款已入账。

凭证 6 - 1 - 2

工商银行进账单（回单）　　1

2011 年 3 月16日　　　　　　第　　　号

出 票 人	全　　称	绵阳五洲商场	票据种类												
	账　　号	400045123319	票据张数												
	开户银行	工行道里分理处		千	百	十	万	千	百	十	元	角	分		
人民币（大写）	人民币：肆万零玖佰伍拾元整					￥	4	0	9	5	0	0	0		
收款人（持票人）	全　　称	四川天一商贸有限公司	转讫												
	账　　号	400086123768													
	开户银行	工行文景分理处													
备注：			（受票银行盖章）												

此联仅作送票依据，不作提货依据；书写时请注意切勿污染第二联磁码打印区域。

凭证 6 - 2 - 2

四川增值税专用发票　　No 52130310

此联不做报销、扣税凭证使用　　　　　　开票日期：2011年3月16日

购货单位	名　　　称：绵阳五洲商场 纳税人识别号：356101124383337 地 址、电 话：绵阳市道里街10号 开户行及账号：工行道里分理处400045123319				密码区		略	
货物或应税劳务名称	规格型号	单位	数量	单价	金额	税率	税额	
水果		千克	1,000	35.00	35,000.00	17%	5,950.00	
合计					￥ 35,000.00	17%	￥ 5,950.00	
价税合计（大写）	⊗ 肆万零玖佰伍拾元整				（小写）￥40,950.00			
销货单位	名　　　称：四川天一商贸有限公司 纳税人识别号：510101122380052 地 址、电 话：成都市文景路28号 开户行及账号：工行文景分理处400086123768				备注			

收款人：金山　　复核：夏雨　　　　　开票人：张华　　销货单位：（章）

7．17日，批发事业部向成都华安厨房用具商场销售不锈钢锅一批，货款尚未收取。

凭证 7－1－1

四、实训要求

1．根据经济事项填制原始凭证。

2．根据原始凭证填制记账凭证（暂不编凭证号）。

单项实训三　零售商品购进的业务核算

一、知识要点

（一）零售商品购进的主要原始凭证

1. 增值税专用发票与批发商品购进相同。

2. 零售商品收货单（或进仓单、商品验收单等），基本联次为三联：存根联、结算联、入库联或收货联（表1－3－1、表1－3－2）。

表1－3－1

收　货　单

编号：17504115

收货部门：食品组　　　　　　　　2011 年 4 月 5 日　　　　　　供货单位：成都沙河源食品厂

食品名称	购进价格				零售价格				进销差价	
	单位	数量	单价	金额	单位	数量	单价	金额		结算联
糖果	千克	500	25.00	12,500.00	千克	500	40.00	20,000.00	7,500.00	
合　计				￥12,500.00				￥20,000.00	￥7,500.00	

收货人：王义

表1－3－2

收　货　单

编号：17504115

收货部门：食品组　　　　　　　　2011 年 4 月 5 日　　　　　　供货单位：成都沙河源食品厂

食品名称	购进价格				零售价格				进销差价	
	单位	数量	单价	金额	单位	数量	单价	金额		入库联
糖果	千克	500	25.00	12,500.00	千克	500	40.00	20,000.00	7,500.00	
合　计				￥12,500.00				￥20,000.00	￥7,500.00	

收货人：王义

实务中，零售商品购进业务由业务部门与供货单位签订购销合同，合同一式三份，供货单位、业务部门和财会部门各留一份。业务部门根据供货单位开来的增值税专用发票，与合同核对相符后，即填制收货单，将增值税专用发票和收货单送交财会部门，财会部门审核无误后，作为付款的依据。购进的商品由营业柜组负责验收，并将收货单入库联交财会部门，财会部门据以增加库存商品。

（二）零售商品购进的一般业务程序

1. 同城商品购进的一般业务程序

（1）商品的交接方式：送货制或提货制。

（2）货款的结算方式：支票、银行本票、委托收款、商业汇票、信用卡等。

（3）一般业务程序：

① 送货制条件下业务程序（图1-3-1）：

进价50元，售价80元　　　　　经济责任增加80元

图1-3-1

② 送货制条件下的单证传递程序（支票结算方式）：

相关凭证：增值税发票、支票、零售商品验收单。

业务流程（图1-3-2）：

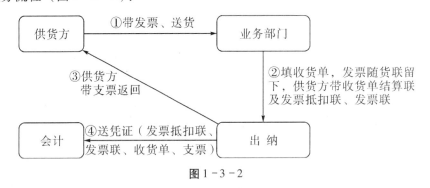

图1-3-2

2. 异地商品购进的一般业务程序

（1）商品的交接方式：发货制。

（2）发货制条件下的货款的结算方式：托收承付、银行汇票、商业汇票、汇兑等。

（3）一般业务程序

发货制条件下的业务程序与批发商品购进相同。发货制条件下的单证传递程序内（托收承付结算方式）：

① 单到时：

相关凭证：增值税发票、托收承付凭证、运单、收货单。

业务流程（图1-3-3）：

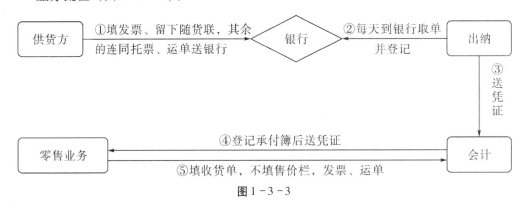

图1-3-3

② 货到时：

相关凭证：商品、增值税发票、运单。

业务流程（图 1 - 3 - 4）：

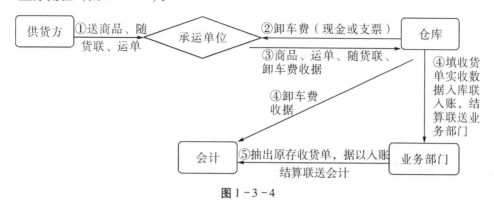

图 1 - 3 - 4

二、实训目的

通过实训，明确零售企业商品购进的一般业务程序及一般核算，掌握主要原始凭证的填制、传递，以及据以填制记账凭证的技能方法。

三、实训资料

2011 年 4 月份零售事业部发生购进的有关经济业务及原始凭证如下：

1. 1 日，零售事业部向成都汇源饮品公司购进汇源果汁一批，食品组如数验收入库，并以转账支票结算。

凭证 1 - 1 - 5

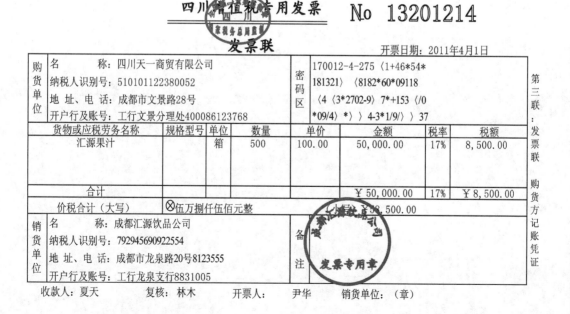

凭证 1-2-5

四川增值税专用发票　　No 13201214

抵扣联

开票日期：2011年4月1日

购货单位	名　　　称：四川天一商贸有限公司 纳税人识别号：510101122380052 地　址、电话：成都市文景路28号 开户行及账号：工行文景分理处400086123768	密码区	170012-4-275 〈1+46*54* 181321〉〈8182*60*09118 〈4〈3*2702-9〉7*+153〈/0 *09/4〉*〉〉4-3*1/9/〉〉37

货物或应税劳务名称	规格型号	单位	数量	单价	金额	税率	税额
汇源果汁		箱	500	100.00	50,000.00	17%	8,500.00
合　计					￥50,000.00	17%	￥8,500.00
价税合计（大写）		⊗伍万捌仟伍佰元整				¥58,500.00	

销货单位	名　　　称：成都汇源饮品公司 纳税人识别号：792945690922554 地　址、电话：成都市龙泉路20号8123555 开户行及账号：工行龙泉支行8831005	备注	发票专用章

收款人：夏天　　　复核：林木　　　开票人：尹华　　　销货单位：（章）

第二联：抵扣联　购货方扣税凭证

凭证 1-3-5

收　货　单

收货部门：食品组
供货单位：成都汇源饮品公司　　　　　　　　　　编号：17504110

2011年　4月　1日

商品名称	购进价格				零售价格				进销差价
	单位	数量	单价	金额	单位	数量	单价	金额	
汇源果汁	箱	500	100.00	50,000.00	箱	500	150.00	75,000.00	25,000.00
合　计				￥50,000.00				￥75,000.00	￥25,000.00

收货人：王义

结算联

凭证 1-4-5

收　货　单

收货部门：食品组
供货单位：成都汇源饮品公司　　　　　　　　　　编号：17504110

2011年　4月　1日

商品名称	购进价格				零售价格				进销差价
	单位	数量	单价	金额	单位	数量	单价	金额	
汇源果汁	箱	500	100.00	50,000.00	箱	500	150.00	75,000.00	25,000.00
合　计				￥50,000.00				￥75,000.00	￥25,000.00

收货人：王义

入库联

凭证 1－5－5

中国工商银行

转账支票存根

支票号码　NO 0415311

科　　　目	
对方科目	

签发日期 2011年4月1日

收款人：成都汇源饮品公司
金额：58,500.00元
用途：货款
备注：

单位主管　　会计

复　　核　　记账

2. 2日，零售事业部向绵阳真滋味食品公司购进方便面一批，收到委托收款单位的付款通知，承付价税款，商品尚未入库。

凭证 2－1－5

铁 路 川 货 票

提运单号：52211

发站	绵阳	到站	成都站	车种车号		货车标重		承运人/托运人装车			
经由		货物运到期限		铁路蓬布号码							
运价里程		保价金额						现付费用			
托运人名称及地址		绵阳真滋味食品公司					费别	金额	费别	金额	
收货人名称及地址		四川天一商贸有限公司					运费	1,500.00	装卸费		
货物名称		品名代码	件数	货物质量	计费重量	运价号	运价率	基金		过秤	
合　　计									1,500.00		
集装箱号码											
记事								合计	壹仟伍佰元整		

经办人：林苗　　　　　　　　　　　　　日期：2011年4月2日

凭证 2 - 2 - 5

四川增值税专用发票　　No 21101088

发票联

开票日期：2011年4月1日

购货单位	名　称：四川天一商贸有限公司
	纳税人识别号：510101122380052
	地址、电话：成都市文景路28号
	开户行及账号：工行文景分理处400086123768

密码区：170012-4-275〈1+46*54*181321〉〈8182*60*09118〈4〈3*2702-9〉7*+153〈/0*09/4〉*〉4-3*1/9/〉〉37

货物或应税劳务名称	规格型号	单位	数量	单价	金额	税率	税额
方便面		箱	200	50.00	10,000.00	17%	1,700.00
合计					￥10,000.00	17%	￥1,700.00

价税合计（大写）　⊗壹万壹仟柒佰元整　￥11,700.00

销货单位	名　称：绵阳真滋味食品公司
	纳税人识别号：000945659922235
	地址、电话：绵阳市九州路18号68267755
	开户行及账号：建设银行九州支行85011782

备注：发票专用章

收款人：夏天　　复核：林木　　开票人：尹华　　销货单位：（章）

第三联：发票联　购货方记账凭证

凭证 2 - 3 - 5

四川增值税专用发票　　No 21101088

抵扣联

开票日期：2011年4月1日

购货单位	名　称：四川天一商贸有限公司
	纳税人识别号：510101122380052
	地址、电话：成都市文景路28号
	开户行及账号：工行文景分理处400086123768

密码区：170012-4-275〈1+46*54*181321〉〈8182*60*09118〈4〈3*2702-9〉7*+153〈/0*09/4〉*〉4-3*1/9/〉〉37

货物或应税劳务名称	规格型号	单位	数量	单价	金额	税率	税额
方便面		箱	200	50.00	10,000.00	17%	1,700.00
合计					￥10,000.00	17%	￥1,700.00

价税合计（大写）　⊗壹万壹仟柒佰元整　￥11,700.00

销货单位	名　称：绵阳真滋味食品公司
	纳税人识别号：000945659922235
	地址、电话：绵阳市九州路18号68267755
	开户行及账号：建设银行九州支行85011782

备注：发票专用章

收款人：夏天　　复核：林木　　开票人：尹华　　销货单位：（章）

第二联：抵扣联　购货方扣税凭证

凭证 2 - 4 - 5

委电

委托收款凭证（付款通知） 5

委托日期： 2011 年4月2日　　付款日期： 2011 年4月2日　　　　第　　号

收款人	全　称	绵阳真滋味食品公司	付款人	全　称	四川天一商贸有限公司	此联付款人开户银行给付款人按期付款的通知
	账号或住址	85011782		账号或住址	400086123768	
	开户银行	绵阳建设银行九州支行		开户银行	工商银行成都文景支行	

委收金额	人民币（大写）壹万叁仟贰佰元整		千百十万千百十元角分
		￥ 1 3 2 0 0 0 0

汇款用途	货款	委托收款凭证名称	各单证张数	2张

备注：	电划	付款人注意：应于见票当日通知开户行划款。如需拒付应在规定的期限内，将拒付理由书并附债务证明退交开户银行。

单位主管　　会计　　复核　　记账　　　　付款人开户银行收到日期：2011年4月2日

凭证 2 - 5 - 5

收　货　单

收货部门：食品组
供货单位：绵阳真滋味食品公司　　　　　　编号：17504111

2011年　4月　2日

商品名称	购 进 价 格				零 售 价 格				进销差价	结算联
	单位	数量	单价	金额	单位	数量	单价	金额		
方便面	箱	200	50.00	10,000.00	箱	200	80.00	16,000.00	6,000.00	
合　计				￥10,000.00				￥16,000.00	￥6,000.00	

收货人：王义

3. 8 日，零售事业部向绵阳可口可乐公司购进可乐 50 箱，每箱零售价 180 元，雪碧 50 箱，每箱零售价 220 元，商品已如数验收入库，以商业汇票结算。

凭证 3 - 1 - 4

四川增值税专用发票　No　52703898

发票联

开票日期：2011年4月2日

<table>
<tr><td rowspan="4">购货单位</td><td>名　　　称：四川天一商贸有限公司</td><td rowspan="4">密码区</td><td rowspan="4">略</td></tr>
<tr><td>纳税人识别号：510101122380052</td></tr>
<tr><td>地址、电话：成都市文景路28号</td></tr>
<tr><td>开户行及账号：工行文景分理处400086123768</td></tr>
</table>

货物或应税劳务名称	规格型号	单位	数量	单价	金额	税率	税额
可乐		箱	50	150.00	7,500.00	17%	1,275.00
雪碧		箱	50	180.00	9,000.00	17%	1,530.00
合计					￥16,500.00	17%	￥2,805.00

价税合计（大写）　⊗ 壹万玖仟叁佰壹拾伍元整　　　　（小写）￥19,305.00

<table>
<tr><td rowspan="4">销货单位</td><td>名　　　称：绵阳市可口可乐公司</td><td rowspan="4">备注</td><td rowspan="4"></td></tr>
<tr><td>纳税人识别号：257945695987355</td></tr>
<tr><td>地址、电话：绵阳市北里路307号</td></tr>
<tr><td>开户行及账号：工商银行北里路支行591-2354-01</td></tr>
</table>

收款人：张欢　　　复核：黎明　　　开票人：徐显明　销货单位：（章）

第三联：发票联　购货方记账凭证

凭证 3 - 2 - 4

收　货　单

收货部门：食品组
供货单位：绵阳市可口可乐公司　　　　　　编号：17504112

2011年　4月　8日

商品名称	购进价格				零售价格				进销差价
	单位	数量	单价	金额	单位	数量	单价	金额	
可乐	箱	50	150.00	7,500.00	箱	50	180.00	9,000.00	1,500.00
雪碧	箱	50	180.00	9,000.00	箱	50	220.00	11,000.00	2,000.00
合　计				￥16,500.00				￥20,000.00	￥3,500.00

结算联

收货人：王义

凭证 3 - 3 - 4

收　货　单

收货部门：食品组
供货单位：绵阳市可口可乐公司　　　　　　　　编号：17504112

2011年　4月　8日

商品名称	购 进 价 格				零 售 价 格				进销差价
	单位	数量	单价	金额	单位	数量	单价	金额	
可乐	箱	50	150.00	7,500.00	箱	50	180.00	9,000.00	1,500.00
雪碧	箱	50	180.00	9,000.00	箱	50	220.00	11,000.00	2,000.00
合　计				￥16,500.00				￥20,000.00	￥3,500.00

入库联

收货人：　王义

凭证 3 - 4 - 4

商业承兑汇票

委托日期：　贰零壹壹　年零肆　月　零捌　日　　　　　　汇票号码：20756

收款人	全　　称	绵阳市可口可乐公司	付款人	全　　称	四川天一商贸有限公司
	账号或住址	591-2354-01		账号或住址	400086123768
	开户银行	工商银行北里路支行		开户银行	工行文景分理处

金额	人民币（大写）	壹万玖仟叁佰零伍元整				千	百	十	万	千	百	十	元	角	分
								￥	1	9	3	0	5	0	0

汇票到期日：　　　年零贰　月零贰　日　　　　　　交易合同号　　43286657

本汇票已由本单位承兑，到期日无条件支付票款
此致

承兑人盖章
承兑日期：2011年12月2日

出票人盖章：

4. 10 日，零售事业部向绵阳真滋味食品公司购进一批商品，商品尚未验收入库，货款未付。

凭证 4－1－1

四川增值税专用发票　No 21101088

发票联

开票日期：2011年4月10日

购货单位	名　称：四川天一商贸有限公司 纳税人识别号：510101122380052 地址、电话：成都市文景路28号 开户行及账号：工行文景分理处400086123768				密码区	略		
货物或应税劳务名称	规格型号	单位	数量	单价	金额	税率	税额
方便面		箱	800	50.00	40,000.00	17%	6,800.00
合计					40,000.00	17%	6,800.00
价税合计（大写）	⊗ 肆万陆仟捌佰元整				（小写）¥46,800.00		
销货单位	名　称：绵阳真滋味食品公司 纳税人识别号：000945659922235 地址、电话：绵阳市九州路18号68267755 开户行及账号：建设银行九州支行85011782				备注			

第三联：发票联 购货方记账凭证

收款人：金山　　　复核：夏雨　　　开票人：张华　　　销货单位：（章）

5. 16 日，食品组转来 2 日所购方便面的验收单及溢缺报告单。

凭证 5－1－2

收　货　单

收货部门：食品组
供货单位：绵阳真滋味食品公司　　　　　　编号：17504114

2011年　4月　16日

商品名称	购进价格				零售价格				进销差价
	单位	数量	单价	金额	单位	数量	单价	金额	
方便面	箱	200	50.00	10,000.00	箱	190	80.00	15,200.00	5,200.00
合　计				¥10,000.00				¥15,200.00	¥5,200.00

收货人：王义

凭证 5 - 2 - 2

商品购进溢余报告单

收货部门：食品组
供货单位：绵阳真滋味食品公司

编号：020001

2011年4月16日

商品名称	规格	单位	应收数量	实收数量	单价	短缺		溢余	
						数量	金额	数量	金额
方便面		箱	200	190	50.00	10.00	500.00		
合 计							￥500.00		
供货单位：绵阳真滋味食品公司 发票号码：			处理意见：			短缺或溢余原因：待查			

制单人： 李慧

6. 20 日，零售事业部转来 10 日所购方便面的验收单。

凭证 6 - 1 - 1

收 货 单

收货部门：食品组
供货单位：绵阳真滋味食品公司

编号：17504111

2011年 4月 10日

商品名称	购进价格				零售价格				进销差价	
	单位	数量	单价	金额	单位	数量	单价	金额		结算联
方便面	箱	800	50.00	40,000.00	箱	800	80.00	64,000.00	24,000.00	
合 计				￥40,000.00				￥64,000.00	￥24,000.00	

收货人： 王义

　　7. 25 日，厨具组向浙江苏泊尔炊具公司购进压力锅一批，开出 3 个月期限、总金额为 77 805 元、无息的银行承兑汇票。经审核无误，同意承付，商品尚未入库。

凭证 7 - 1 - 3

凭证 7 - 2 - 3

商业承兑汇票

			委托日期：贰零壹壹 年 零肆 月 贰拾伍 日				汇票号码：20756									
收款人	全　称	浙江苏泊尔炊具公司		付款人	全　称	四川天一商贸有限公司											
	账号或住址	9571174546711			账号或住址	400086123768											
	开户银行	建设银行台州支行			开户银行	工行文景分理处											
金额	人民币（大写）	柒万柒仟捌佰零伍元整					千	百	十	万	千	百	十	元	角	分
										￥	7	7	8	0	5	0	0
汇票到期日		贰零壹壹 年 伍 月 贰拾肆 日			交易合同号		43286657									
本汇票已由本单位承兑，到期日无条件支付票款。 此致					出票人盖章：											
承兑人盖章 承兑日期：2011年4月25日																

凭证 7 - 3 - 3

收 货 单

收货部门：厨具类

供货单位：浙江苏泊尔炊具公司　　　　　　　　　编号：17504117

2011年　4月　25日

商品名称	购 进 价 格				零 售 价 格				进销差价	
	单位	数量	单价	金额	单位	数量	单价	金额		
压力锅	只	100	665.00	66,500.00	只	100	750.00	75,000.00	8,500.00	结算联
合　计				￥66,500.00				￥75,000.00	￥8,500.00	

收货人：王义

四、实训要求

1. 根据经济事项填制有关原始凭证。

2. 根据原始凭证填制记账凭证（暂不编制凭证号）。

单项实训四　零售商品销售的业务核算

一、知识要点

（一）零售商品销售的收款方式

1. 不做销售记录，营业员直接收款的方式（图1-4-1）。

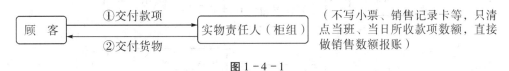

（不写小票、销售记录卡等，只清点当班、当日所收款项数额，直接做销售数额报账）

图1-4-1

收款过程和交付货物、货物保管是否有差错平时不易查出，只有通过商品盘点才可落实。

2. 营业员填写商品计数卡，收银员集中收款的方式（图1-4-2、表1-4-1）。

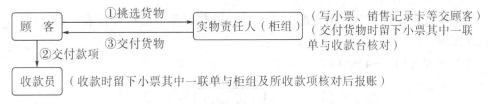

（写小票、销售记录卡等交顾客）
（交付货物时留下小票其中一联单与收款台核对）
（收款时留下小票其中一联单与柜组及所收款项核对后报账）

图1-4-2

表1-4-1

售货小票	
商品品名：汇源果汁	
数　　量：3箱	
单位售价：150.00	
合计金额：￥450.00	

收款员：王力　　　售货员：张敏

（顾客交款后凭此联取货（第1联：柜组联））

货款的差错由当班的收款员清查，马上可以落实。收款员现金数额与实物负责人小票张数金额不符则为长短款。

3. 顾客自选商品，收款员用收银机集中收款的方式（图1-4-3）。

图 1-4-3

（二）零售商品销售的一般业务程序

1. 日常销售过程中的业务程序（图1-4-4）。

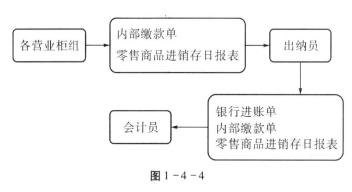

图 1-4-4

2. 单证传递程序。

相关凭证：售货小票、销货缴款单、长短款报告单、销售日报表、现金送款单、银行进账单。

业务流程（图1-4-5）：

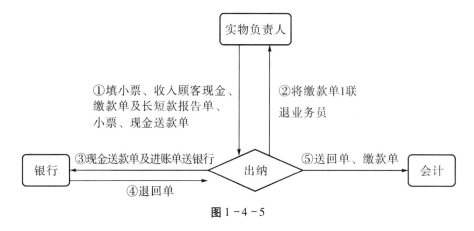

图 1-4-5

（三）零售商品销售的主要原始凭证

1. 转账支票（图1-4-6）。

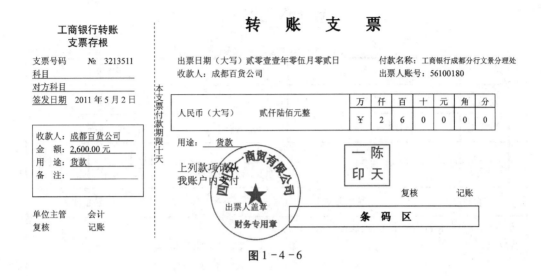

图1-4-6

2. 银行进账单（表1-4-2）。

表1-4-2

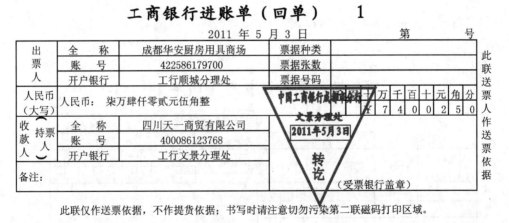

此联仅作送票依据，不作提货依据；书写时请注意切勿污染第二联磁码打印区域。

3. 商业承兑汇票（表1-4-3）。

表1-4-3

商业承兑汇票

委托日期：贰零壹壹 年 零贰 月 零贰 日   汇票号码：34768

收款人	全　称	浙江苏泊尔炊具公司	付款人	全　称	四川天一商贸有限公司										
	账　号或住址	957117456711		账　号或住址	400086123768										
	开户银行	建设银行台州支行		开户银行	工行文景分理处										

金额	人民币（大写）	肆万肆仟陆佰叁拾伍元整				千	百	十	万	千	百	十	元	角	分
								¥	4	4	6	3	5	0	0

汇票到期日	贰零壹贰 年伍月零贰日	交易合同号	43286657

本汇票已由本单位承兑，到期日无条件支付票款。

此致

出票人盖章：

承兑人盖章

承兑日期：2011年12月10日

中国工商银行成都市分行
文景分理处
2011年02月02日
汇票专用章

4. 现金送款单（表1-4-4）。

表1-4-4

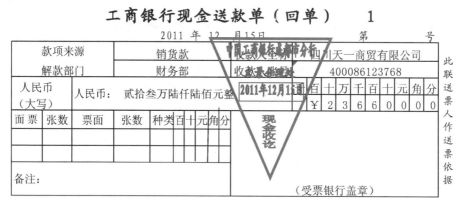

工商银行现金送款单（回单）   1

2011 年 12 月 15 日   第   号

款项来源	销货款	收款人全称	四川天一商贸有限公司										此联送票人作送票依据
解款部门	财务部	收款人账号	400086123768										
人民币（大写）	人民币：贰拾叁万陆仟陆佰元整			百	十	万	千	百	十	元	角	分	
					¥	2	3	6	6	0	0	0	0	
面票	张数	票面	张数	种类	百	十	元	角	分				
备注：													

中国工商银行成都市分行
2011年12月15日
现金收讫

（受票银行盖章）

5. 商品进销存日报表：柜组、实物负责人根据实收款或核对无误的小票金额填"零售销售额"一栏（表1-4-5）。

表1-4-5

商品进销存日报表

部门：食品组　　　2011年5月21日　　　编号：210

项　目		金　额	项　目		金　额
昨日结存		151,200.00		销售	8,890.20
今日收入	购进	12,560.50	今日发出	调出	
	调入			发出委托加工	
	加工成品收回			调价减值	
	调价增值	2,700.00		削价	310.00
	溢余			短缺	10.00
			今日结存		157,250.30
本月销售计划		300,000.00	本月销售累计		231,166.00

柜组长：王军　　　复核：王军　　　制表：曲波　　　附凭证12张

6. 内部缴款单（表1-4-6）。

表1-4-6

商品销售收入缴款单

缴款部门：食品组　　　2011年5月15日

货款种类	张数	金额	货款种类	张数	金额
现金			银行卡签购单	15	21,260.00
其中：			转账支票	3	40,370.00
票面100元	295	29,500.00	银行本票		
票面50元	231	11,550.00			
票面20元	36	720.00			
票面10元	49	490.00			
票面5元	32	160.00			
票面2元	0	0.00			
票面1元	30	30.00			
角票、分币					
缴款金额人民币（大写）：壹拾万零肆仟零捌拾元整　　　￥104,080.00					

缴款人：　李佳　　　　　收款人：　曲慧

7. 信用卡签购单。

表 1 - 4 - 7

Uninon Pay
银联 签购单

商户存根

特约商户名称：四川天一商贸有限公司
POS 号：000456
终端机号：2884934
特约商户编号：108287575845

卡别/卡号：6622 3434 4335 6578（工行）	
交易类型：消费	有效期：11/12
批次号码：583992	查询号：4432
时间/日期：11/12/17	
序号：29485776	授权号：43948
金额：128 700.00	
（同意支付上述款项）	

（持卡人签字）
李玉

8. 汇计单（图 1 - 4 - 7）。

中国工商银行银联卡
汇计单

特约单位名称：

四川天一商贸有限公司

特约单位编号：

编　　　号：	23858323
日　　　期：	2011年12月15日
签购单总份数：	45
总　计　金　额：	187,250.00
手续费9‰	1,685.25
净　计　金　额：	185,564.75

第一联：银行盖章
退特约单位作交
后费收据

图 1 - 4 - 7

实务中，零售商品销售业务由各营业柜组收款员填制商品销售收入缴款单。缴款单一式两份，连同收取的现金、票据、信用卡签购单等一并送交财会部门。财会部门点收无误后，加盖收起戳记，一联退还缴款部门，作为其缴款的依据；另一联留在财会部门，作为商品销售收入和收款的入账依据。

财会部门将各营业柜组的销货现金汇总后，填制送款单解存开户银行；根据信用卡签购单填制汇计单，根据收到的支票等票据填制银行进账单；将签购单、汇计单、进账单和支票正联一并解存开户银行；根据信用卡签购单存根联、汇计单收据联、进账单回单入账。

（四）零售商品销售的凭证处理流程

例　某零售商店有 ABC 三个组柜，分别各设收款员，当天销售情况如下（图 1-4-8）：

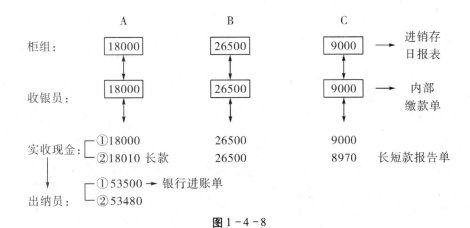

图 1-4-8

二、实训目的

通过实训，明确零售企业商品销售的一般业务流程及一般核算，掌握主要原始凭证的填制、传递以及据以填制记账凭证的技能方法，掌握将本月含税的售价收入调整为不含税的销售收入的技能。

三、实训资料

2011 年 5 月份零售事业部发生销售的有关经济业务及原始凭证如下：

1. 15 日，食品组和家纺组转来上半月零售商场商品销售收入汇总表，将现金、转账支票和信用卡当天解存银行。（食品组成本 11 370 元，家纺组成本 239 100 元）

凭证 1-1-2 　　　　**天一商贸有限公司零售事业部商品销售（含税）表**

2011 年 5 月 15 日　　　　　　　　　　　　　单位：元

柜组	销售金额	实收金额	现金收入	信用卡收入	转账支票	现金溢余	现金短缺
食品组	14 280.00	14 280.00	11 330.00	2 950.00			
家纺组	306 600.00	306 610.00	296 930.00	9 680.00		10	
合计	¥320 880.00	¥320 890.00	¥308 260.00	¥12 630.00		¥10.00	

凭证 1-2-2

销货款短缺溢余报告单

部门：家纺组　　　　　　2011年5月16日　　　　单位：元

销售金额	306,600.00	部门意见	同意
实收金额	306,610.00		
短缺款			
溢余款	10.00	领导审批	同意
溢缺原因	多收		

收款员：曲波

2. 15 日，家纺柜长款 10 元是由于找零差多收，作企业的收益处理。

凭证 2-1-1

销货款短缺溢余报告单

部门：食品组　　　　　　2011年5月15日　　　　单位：元

销售金额		部门意见	
实收金额			
短缺款			
溢余款	10.00	领导审批	
溢缺原因	找零多收		

收款员：曲波

3. 31 日，食品组和家纺组转来下半月零售商场商品销售收入汇总表，将现金、转账支票和信用卡当天解存银行。（食品组成本 19 870 元，家访组成本 112 430 元）

凭证 3 - 1 - 3

天一商贸有限公司零售事业部商品销售（含税）表

2011 年 5 月 31 日　　　　　　　　　　　　　　　　　　单位：元

柜组	销售金额	实收金额	现金收入	信用卡收入	转账支票	现金溢余	现金短缺
食品组	23 950.00	23 960.00	9 000.00	10 960.00	4 000.00	10	
家纺组	147 420.00	147 400.00	125 390.00	22 010.00			20
合计	￥171 370.00	￥171 360.00	￥134 390.00	￥32 970.00	￥4 000.00	￥10.00	￥20.00

凭证 3 - 2 - 3

销货款短缺溢余报告单

部门：家纺组　　　　　　年　　月　　日

销售金额		部门意见	
实收金额			
短缺款			
溢余款		领导审批	
溢缺原因			

收款员：　　　［审核］

凭证 3 - 3 - 3

销货款短缺溢余报告单

部门：食品组　　　　　　年　　月　　日

销售金额		部门意见	
实收金额			
短缺款			
溢余款		领导审批	
溢缺原因			

收款员：　　　［审核］

4. 31 日，转来现金长短款的处理报告：经批准，家纺组现金短缺是由于收款人曲波的责任，由曲波赔偿，赔偿款未收；食品组长款是找零差错而造成多收，作企业的收益处理。

凭证 4 - 1 - 2

销货款短缺溢余报告单

部门：食品组　　　　　　　　年　　月　　日

销售金额		部门意见	
实收金额			
短缺款			
溢余款		领导审批	
溢缺原因			

收款员：曲波

凭证 4 - 2 - 2

销货款短缺溢余报告单

部门：食品组　　　　　　　　年　　月　　日

销售金额		部门意见	
实收金额			
短缺款			
溢余款		领导审批	
溢缺原因			

收款员：曲波

四、实训要求

1. 根据经济事项填制原始凭证。
2. 根据原始凭证填制记账凭证（暂不编凭证号）。
3. 登记如下商品销售收入明细账（表 1 - 4 - 8、表 1 - 4 - 9）。

表 1 - 4 - 8　　　　　　　　　　　**主营业务收入　明细账**

名称：食品组　　　　　　　　　　　　　　　　　　　　　　　　　第　　页

2011 年		凭证编号	摘要	借方	贷方	借或贷	余额
月	日						

表1－4－9　　　　　　　　　　主营业务收入　明细账

名称：家纺组　　　　　　　　　　　　　　　　　　　　　　　第　　页

2011 年		凭证编号	摘要	借方	贷方	借或贷	余额
月	日						

第二篇 商贸企业会计综合实训

一、实训企业概况

(一) 企业基本资料

企业名称：四川天一商贸有限公司

地　　址：成都市文景路 28 号

联系电话：028 - 83107268

法定代表人：陈天一

企业类型：有限责任公司

企业代码：2390001900

税务计算机代码：2456720

纳税人识别号：510101122380052

注册资金：100 万元（人民币）

经营范围：商品批发零售

银行基本存款账户：工商银行成都分行文景分理处

账　　号：400086123768

(二) 企业机构设置

1. 零售事业部

食品组（方便面、汇源果汁、可口可乐、雪碧、糖果）

家纺组（蚕丝被、床上四件套）

2. 批发事业部

厨具类（不锈钢锅、压力锅）

果品类（糖果、水果）

(三) 企业核算总则

1. 核算方法（表 2 - 1）

表 2 - 1

部门	库存商品核算方法	商品销售成本核算	销售收入加税处理
食品组	售价金额核算	分柜组差价率法	月末
家纺组	数量售价金额核算	综合差价率法	月末

部门	库存商品核算方法	商品销售成本核算	销售收入加税处理
厨具类	数量售价金额核算	综合差价率法	月末
果品类	进价金额核算	个别计价法	月末

2. 增值税税率为17%（收购的农副产品按买价的13%扣除率计算进项税额，支付的运费按7%计算进项税额），城市维护建设税税率为7%，教育费附加为3%，所得税税率为25%，一般盈余公积金的提取比例为10%，公益金为5%。

3. 利润核算采用"账结法"，每月计算利润预交所得税，年终进行汇算清缴。

（四）企业财务成员

公司财务主管：夏薇

出纳：余静

会计：王梦

二、实训目的

通过实训，能针对商贸企业不同的经营方式和经营对象，选择适当的会计核算方式和方法，进行商贸企业的会计核算工作；能全面掌握商贸企业会计核算过程中确认、计量、记录和报告的能力，熟练地对综合性商贸企业进行会计核算；能明确综合性商贸企业的一般业务程序及一般会计核算，掌握原始凭证的填制、传递，以及据以填制记账凭证的技能方法；能理解商贸企业会计核算与其他行业会计核算的异同，为学习其他行业会计核算打下基础。

三、实训资料

（一）实训企业建账资料

1. 2011年总账及有关明细账账户余额（表2－2）

表2－2　　四川天一商贸有限公司2011年总账及有关明细账账户余额表　　单位：元

科目名称	方向	1月份期初余额		12月份期初余额		备注
		借方	贷方	借方	贷方	
库存现金（1001）	借	1 023.57		1 000.00		
银行存款（1002）	借	1 317 837.52		1 280 638.77		
交易性金融资产（1103）	借	400 000.00		300 000.00		
应收票据（1111）	借	550 000.00		525 000.00		
应收账款（1131）	借	320 000.00		270 000.00		
红旗连锁（113101）	借			250 000.00		
致远商场（113102）	借			20 000.00		
其他应收款（1133）	借	13 000.00		10 170.00		
张云宇（113301）	借			10 170.00		

表2－2(续)

科目名称	方向	1月份期初余额		12月份期初余额		备注
		借方	贷方	借方	贷方	
坏账准备(1141)	贷		2 576.89		1 675.15	
预付账款(1151)	借	95 000.00		82 000.00		
江苏海美亚食品公司(115101)	借			30 000.00		
浙江苏泊尔炊具公司(115102)	借			25 000.00		
待摊费用(115103)	借			27 000.00		
在途物资(1201)	借	850 000.00		194 320.00		
广元水果基地(120101)	借			100 000.00		
汇通蔬果批发公司(120102)	借			94 320.00		
原材料(1211)	借	67 890.00		63 856.70		
周转材料(1241)	借	68 540.78		75 815.34		
库存商品(1243)	借	1 400 500.00		2 128 000.00		
食品组(124301)	借			246 000.00		
方便面(12430101)	借					单价80元 数量300箱
汇源果汁(12430102)	借					单价150元 数量500箱
可口可乐(12430103)	借					单价180元 数量400箱
雪碧(12430104)	借					单价220元 数量250箱
糖果(12430105)	借					单价40元 数量500千克 (包含内部调拨商品)
家纺组(124302)	借			1 332 000.00		
蚕丝被(12430201)	借					单价1020元 数量600套
床上四件套(12430202)	借					单价800元 数量900套
厨具类(124303)	借			512 500.00		
不锈钢锅(12430301)	借					单价275元 数量500只
压力锅(12430302)	借					单价750元 数量500只
果品类(124304)	借			37 500.00		
糖果(12430401)	借					单价40元 数量500千克
水果(12430402)	借					单价35元 数量500千克
商品进销差价(1244)	贷		189 879.63		175 835.28	
食品组(124401)	贷				75 235.23	
家纺组(124402)	贷				100 600.05	

表2－2(续)

科目名称	方向	1月份期初余额		12月份期初余额		备注
		借方	贷方	借方	贷方	
委托代销商品(1261)	借			35 000.00		
存货跌价准备(1281)	贷		4 500.00		5 300.00	
发出商品(1291)	借			83 000.00		
持有至到期投资(1425)	借	350 000.00		400 000.00		
固定资产(1501)	借	4 250 000.00		4 500 000.00		
累计折旧(1502)	贷		386 700.00		450 000.00	
无形资产(1801)	借	450 000.00		800 000.00		
累计摊销(1902)	贷		37 500.00		40 350.00	
短期借款(2101)	贷				200 000.00	
应付票据(2111)	贷		350 000.00		301 000.00	
可口可乐公司(211101)	贷				301 000.00	
应付账款(2121)	贷		850 546.78		912 049.31	
广元水果基地(212101)	贷				553 456.24	
达州美之源食品公司(212102)	贷				358 593.07	
预收账款(2131)	贷				25 000.00	
绵阳金紫荆厨卫商场(213101)	贷				15 000.00	
宏远公司(213102)	贷				10 000.00	
应付职工薪酬(2151)	贷		32 000.00		58 893.00	
工资(215101)	贷				58 893.00	
应交税费(2171)	贷		56 743.25		76 285.47	
未交增值税(217102)	贷				48 642.00	
应交营业税(217103)	贷				3 680.30	
应交所得税(217106)	贷				18 675.20	
应交教育费附加(217107)	贷				2 132.50	
应交城市维护建设税(217108)	贷				3 155.47	
其他应付款(2181)	贷		55 890.00		43 285.00	
应付股利(2201)	贷		325 672.87			
长期借款(2301)	贷		1 000 000.00		1 000 000.00	
实收资本(或股本)(3101)	贷		6 500 000.00		6 500 000.00	
资本公积(3111)	贷		35 000.00		40 000.00	
资本(或股本)溢价(311101)	贷				40 000.00	
盈余公积(3121)	贷		256 782.45		163 232.25	
法定盈余公积(312101)	贷				163 232.25	
本年利润(3131)	贷				705 895.35	
利润分配(3141)	贷		50 000.00		50 000.00	
未分配利润(314115)	贷				50 000.00	
合计		10 133 791.87	10 133 791.87	10 748 800.81	10 748 800.81	

2. 2011 年损益类账户发生额（表 2 - 3）

表 2 - 3　　　　　　　四川天一商贸有限公司 2011 年损益类账户发生额表　　　　　单位：元

科目代码	账户名称	1～11 月份借方发生额	1～11 月份贷方发生额	备注
6001	主营业务收入		22 584 562.67	
6051	其他业务收入		154 600.00	
6111	投资收益		25 000.00	
6301	营业外收入		67 000.00	
6401	主营业务成本	11 545 234.56		
6402	其他业务支出	58 725.37		
6405	营业税金及附加	106 743.25		
6601	销售费用	4 003 543.21		
6602	管理费用	1 504 356.78		
6603	财务费用	41 250.79		
6701	资产减值损失	6 626.73		
6710	营业外支出	13 967.28		
6801	所得税费用	253 725.65		

（二）2011 年 12 月份发生的经济业务

四川天一商贸有限公司 2011 年 12 月份发生的有关经济业务及原始凭证如下：

1. 1 日，零售事业部向成都市汇源饮品公司购进汇源果汁一批，食品组验收商品，并以转账支票结算。

2. 2 日，零售事业部向绵阳真滋味食品公司购进方便面一批，收到委托收款单位的付款通知，承付价税款，商品尚未入库。

3. 2 日，批发事业部向攀枝花美佳不锈钢制品厂购进不锈钢锅一批，商品已验收入库，电汇结算。

4. 2 日，零售事业部向绵阳可口可乐公司购进商品一批，商品已验收入库，以商业汇票结算。

5. 3 日，采购经理张峰去济南出差，预支差旅费，开出现金支票支付。

6. 3 日，零售事业部向成都市红旗连锁超市销售汇源果汁一批，以转账支票结算。

7. 3 日，零售事业部向绵阳真滋味食品公司购进方便面一批，商品尚未验收入库，货款未付。

8. 4 日，食品组转来 2 日所购方便面的验收单及溢缺报告单。

9. 5 日，向成都市沙河源食品厂购入糖果一批，商品已验收入库，并以转账支票结算。

10. 5 日，零售事业部转来 3 日所购方便面的验收单。

11. 6 日，批发部向成都市华安厨房用具商场销售不锈钢锅一批，以转账支票结算。

12. 7 日，用转账支票支付飞天广告公司的广告费。

13. 7 日，根据商品委托代销合同，接受成都市顺义被服厂委托代销的蚕丝被一批，合同约定的协议单价为 850 元/套，销售单价为 1020 元/套，每月月末向委托方开具代销商品清单，商品已收到。

14. 7 日，收到开户行转来的电子报税付款通知，缴纳所得税、增值税、营业税、城建税、教育费附加。

15. 8 日，食品组转来商品内部调拨单，从批发事业部调入糖果。

16. 8 日，采购经理张峰报销差旅费，并以现金补交 3 日的预支款项。

17. 8 日，零售事业部的家纺组向成都市顺义被服厂购进床上四件套一批，商品已入库，支票结算。

18. 9 日，食品组向新世界商场销售汇源果汁一批，货款尚未收到。

19. 10 日，厨具组向浙江苏泊尔炊具公司购进压力锅一批，开出 1 个月期限、无息的银行承兑汇票。经审核无误，同意承付，商品尚未入库。

20. 10 日，向广元水果基地购入水果一批，款项未付，水果未入库。

21. 11 日，批发事业部转来 10 日所购压力锅的验收单。

22. 12 日，批发事业部转来 10 日所购水果的验收单。

23. 12 日，批发事业部根据合同分两期收款销售给绵阳五洲商场压力锅，发出商品。

24. 12 日，批发事业部向绵阳五洲商场销售方便面一批，已经办好托收手续。

25. 12 日，向果农收购水果，以现金付讫。

26. 13 日，零售事业部向绵阳可口可乐公司购可乐，商品已验收，电汇结算。

27. 13 日，收到银行通知，向绵阳五洲商场托收的货款已入账。

28. 14 日，食品组转来 2 日所购方便面溢缺的处理意见。

29. 15 日，业务部门送来报账发票，填制费用报销单，以现金补足备用金。

30. 15 日，以银行存款发放职工工资。

31. 15 日，批发事业部根据合同约定的收款日期收取 12 日绵阳五洲商场的销货款。

32. 15 日，食品组和家纺组转来上半月零售商场商品销售收入汇总表，将现金、转账支票和信用卡当天解存银行。

表 2-4　　　　四川天一商贸有限公司零售事业部商品销售（含税）表

2011 年 12 月 15 日　　　　　　　　　　　　　　单位：元

柜组	销售金额	实收金额	现金收入	信用卡收入	转账支票	现金溢余	现金短缺
食品组	104 130.00	104 080.00	42 450.00	21 260.00	40 370.00		50.00
家纺组	400 140.00	400 140.00	194 150.00	165 990.00	40 000.00		
合计	￥504 270.00	￥504 220.00	￥236 600.00	￥187 250.00	￥80 370.00		￥50.00

33．16 日，绵阳五洲商场发现 12 日所购的方便面有霉变，要求给予一定的折让，经协商，在价格上给予其 20% 的折让。

34．16 日，批发事业部向绵阳五洲商场销售水果一批，收到商业银行汇票一张。

35．16 日，分别按工资总额的 8%、2%、1% 分别计提统筹的养老金、医疗保险金和失业保险金。

36．16 日，按工资总额的 7% 计提职工住房公积金。

37．16 日，分别按工资总额的 2%、1.5%、14% 分别计提职工工会经费、职工教育经费和职工福利费。

38．16 日，转来 15 日现金短款的处理意见，食品组现金短款是收款人李敏的责任，由李敏赔偿，赔偿款尚未收到。

39．17 日，批发事业部向成都华安厨房用具商场销售不锈钢锅一批，刷卡结算。

40．20 日，由于商品进货成本调整，批发事业部通知五洲商场，对 16 日向其销售的水果进行调价。

41．20 日，将从职工工资中代扣的工会经费划拨本公司工会。

42．20 日，将从职工工资中代扣的住房公积金和企业计提的住房公积金划拨到市公积金管理中心。

43．20 日，与顺义被服厂签订加工合同，为床上四件套加花边、丝带等装饰物，已将一批商品拨给加工厂。

44．20 日，成都华安厨房用具商场提出 17 日所购不锈钢锅规格与合同严重不符，要求全部退货，经协商，同意其退货。

45．21 日，批发事业部向浙江苏泊尔炊具公司购入压力锅一批，商品未入库。

46．21 日，将从职工工资中代扣的养老保险金、医疗保险金、失业保险金和企业计提的养老保险金、医疗保险金、失业保险金划拨市社会保险事业基金结算管理中心。

47．22 日，实行独立核算的连锁门店盐市口分店开业，向其拨付经营费用。

48．22 日，以转账支票预付明年的财产保险费。

49．22 日，偿还开户银行今日到期的短期借款。

50．22 日，提取现金补足业务部门备用金。

51．23 日，批发事业部 21 日购入的压力锅验收时发现已压坏，决定全部拒收。

52．23 日，以手续费方式委托五洲商场代销商品，批发事业部发出商品。

53．24 日，银行转来专用收款凭证及电力公司发票，支付电费。

54．24 日，购进货柜，以转账支票结算。

55．25 日，仓库转来家纺组领用货柜的领料单，按五五摊销法摊销。

56．25 日，经与浙江苏泊尔炊具公司协商，将 23 日到货的压力锅全部退货。

57．25 日，银行转来付款通知及电信公司的发票联，支付通信费。

58．26 日，开户银行转来计付利息清单的付款通知联。

59．26 日，开户银行转来计收利息清单的收款通知联。

60．27 日，食品组转来验收单（所购商品系从可口可乐公司购进，至月末结算单据未到达）。

61. 27 日，收到新世界商场开出的转账支票，支付前欠货款。

62. 27 日，以支票支付顺义被服厂委托加工费。

63. 28 日，商场转来低值易耗品报废申请单。

64. 28 日，与开户银行签订短期借款合同。

65. 29 日，用现金向税务局购买印花税票，粘贴在经济合同及账簿上。

66. 29 日，仓库转来固定资产报废申请单。

67. 30 日，零售事业部转来商品盘点短缺溢余报告单。

68. 30 日，以现金支付职工张峰报销的家属医药费和刘丽申请领取的困难补助。

69. 30 日，宏鑫公司归还本公司出借的包装箱，已验收入库，退还宏鑫公司包装物押金，采用一次摊销法。

70. 30 日，因致远商场已破产，确定其应收账款无法收回，经批准转作坏账。

71. 31 日，根据本月的工资结算汇总表编制工资分配表，并据此分配工资。

72. 31 日，家纺组销售代销的蚕丝被，收到现金。向顺义被服厂开具代销清单，收到该厂开来的专用发票，并签发支票支付全部账款。

73. 31 日，出售报废货车给岷江物资回收公司，收到转账支票，叉车清理完毕。

74. 31 日，零售商场转来商品盘点短缺溢余处理意见。

75. 31 日，摊销应由本月负担的财产保险费等。

76. 31 日，顺义被服厂送来加工完毕的床上四件套，仓库验收全部合格。

77. 31 日，红杏酒店开来发票，系本公司招待客户的餐费收据。

78. 31 日，食品组报来即将到期商品的削价处理方案。

79. 31 日，上月 30 日购进国债，准备持有至到期，一次还本付息，预计该债券本年利息并入账。

80. 31 日，用平均年限法分类计提本月份的固定资产折旧（其中：营业厅和营业设备有 15% 出租给江汉公司）。

81. 31 日，开户银行转来支付结算手续费的收据。

82. 31 日，开户银行转来电汇收账通知，系绵阳真滋味食品公司未能按经济合同供货的赔偿金。

83. 31 日，盐市口分店上缴利润。

84. 31 日，食品组和家纺组转来下半月零售商场商品销售收入汇总表，将现金、转账支票和信用卡当天解存银行。

表 2－5　　　四川天一商贸有限公司零售事业部商品销售（含税）表

2011 年 12 月 31 日

单位：元

柜组	销售金额	实收金额	现金收入	信用卡收入	转账支票	现金溢余	现金短缺
食品组	152 568.00	152 568.00	92 578.00	33 290.00	26 700.00		
家纺组	366 210.00	366 210.00	208 430.00	125 780.00	32 000.00		
合计	￥518 778.00	￥518 778.00	￥301 008.00	￥159 070.00	￥58 700.00		

85. 31 日，结转本月商品销售成本。

86. 31 日，结转本月零售事业部已销商品进销差价。

87. 31 日，摊销本月份的无形资产。

88. 31 日，按 5‰的坏账准备率计提本月的坏账准备。

89. 31 日，公司有计算机 4 台，每台原值 7000 元，已提折旧 3000 元，现由于市价持续下滑，每台可回收金额仅为 2800 元，计提减值准备。

90. 31 日，计算本月份应交增值税，将其转入未交增值税。

91. 31 日，计提本月份的应交城市维护建设税及教育费附加。

92. 31 日，将损益类账户的余额结转到本年利润账户。

93. 31 日，年终汇算本期所得税费用。该公司 1 ～ 11 月共实现利润总额 4 296 989.05 元，已提所得税 575 235.65 元，全年计税工资总额为 1 033 450 元，1 ～ 11 月累计发放工资 983 800 元，1 ～ 11 月取得了国债利息投资收益 35 850.35 元。计算本期所得税，并将所得税费用结转至本年利润。

94. 31 日，按全年净利润的 10% 计提法定盈余公积金，按 8% 计提任意盈余公积金，按 60% 计提分配给投资者的利润。

95. 31 日，将本年利润余额和利润分配各明细账余额结转至利润分配——未分配利润账户。

凭证 1-1-5

四川增值税专用发票　No 13201214

发票联　　　　　　　　　开票日期：2011年12月1日

购货单位	名　称：四川天一商贸有限公司							
	纳税人识别号：510101122380052				密码区	170012-4-275〈1+46*54*181321〉〈8182*60*09118〈4〈3*2702-9〉7*+153〈/0*09/4〉*〉〉4-3*1/9/〉37		
	地址、电话：成都市文景路28号							
	开户行及账号：工行文景分理处400086123768							
货物或应税劳务名称	规格型号	单位	数量	单价	金额	税率	税额
汇源果汁		箱	2,100	100.00	210,000.00	17%	35,700.00
合计					￥210,000.00	17%	￥35,700.00
价税合计（大写）	⊗ 贰拾肆万伍仟柒佰元整						￥245,700.00
销货单位	名　称：成都汇源饮品公司			备注			
	纳税人识别号：792945690922554						
	地址、电话：成都市龙泉路20号8123555						
	开户行及账号：工行龙泉支行8831005						

收款人：夏天　　复核：林木　　开票人：尹华　　销货单位：（章）

凭证 1-2-5

四川增值税专用发票　No 13201214

抵扣联　　　　　　　　　开票日期：2011年12月1日

购货单位	名　称：四川天一商贸有限公司							
	纳税人识别号：510101122380052				密码区	170012-4-275〈1+46*54*181321〉〈8182*60*09118〈4〈3*2702-9〉7*+153〈/0*09/4〉*〉〉4-3*1/9/〉37		
	地址、电话：成都市文景路28号							
	开户行及账号：工行文景分理处400086123768							
货物或应税劳务名称	规格型号	单位	数量	单价	金额	税率	税额
汇源果汁		箱	2,100	100.00	210,000.00	17%	35,700.00
合计					￥210,000.00	17%	￥35,700.00
价税合计（大写）	⊗ 贰拾肆万伍仟柒佰元整					（小写）￥245,700.00	
销货单位	名　称：成都汇源饮品公司			备注			
	纳税人识别号：792945690922554						
	地址、电话：成都市龙泉路20号8123555						
	开户行及账号：工行龙泉支行8831005						

收款人：夏天　　复核：林木　　开票人：尹华　　销货单位：（章）

注：以下业务增值税抵扣联略。

凭证 1-3-5

收　货　单

收货部门：食品组
供货单位：成都汇源饮品公司　　　　　　　　　　　编号：17504110

2011年　12月　　1日

商品名称	购进价格				零售价格				进销差价	
	单位	数量	单价	金额	单位	数量	单价	金额		结算联
汇源果汁	箱	2,100	100.00	210,000.00	箱	2,100	150.00	315,000.00	105,000.00	
合　计				￥210,000.00				￥315,000.00	￥105,000.00	

收货人：王义

凭证 1-4-5

收　货　单

收货部门：食品组
供货单位：成都汇源饮品公司　　　　　　　　　　　编号：17504110

2011年　12月　　1日

商品名称	购进价格				零售价格				进销差价	
	单位	数量	单价	金额	单位	数量	单价	金额		入库联
汇源果汁	箱	2,100	100.00	210,000.00	箱	2,100	150.00	315,000.00	105,000.00	
合　计				￥210,000.00				￥315,000.00	￥105,000.00	

收货人：王义

凭证 1-5-5

中国工商银行

转账支票存根

支票号码　NO 0415311

科　目 _____

对方科目 _____

签发日期 2011年12月1日

收款人：成都汇源饮品公司
金额：245,700.00元
用途：货款
备注：

单位主管　　会计

复　核　　记账

凭证 2 - 1 - 4

铁　路　货　票

提运单号：52200

发站	绵阳	到站	成都站	车种车号		货车标重		承运人/托运人装车		
经由		货物运到期限		铁路蓬布号码						
运价里程			保价金额					现付费用		
托运人名称及地址		绵阳真滋味食品公司				费别	金额	费别	金额	
收货人名称及地址		四川天一商贸有限公司				运费	1,500.00	装卸费		
货物名称		品名代码	件数	货物质量	计费重量	运价号	运价率	基金		过秤
合　计								1,500.00		
集装箱号码										
记事								合计	壹仟伍佰元整	

经办人：林苗　　　　　　　　　　　　　　日期：2011年12月2日

凭证 2 - 2 - 4

四川增值税专用发票　№ 21101088

发票联

开票日期：2011年12月2日

购货单位	名　　称：四川天一商贸有限公司					密码区		略		
	纳税人识别号：510101122380052									
	地　址、电话：成都市文景路28号									
	开户行及账号：工行文景分理处400086123768									
货物或应税劳务名称		规格型号	单位	数量	单价	金额		税率	税额	
方便面			箱	1,000	50.00	50,000.00		17%	8,500.00	
合计						50,000.00		17%	8,500.00	
价税合计（大写）		⊗ 伍万捌仟伍佰元整				（小写）￥58,500.00				
销货单位	名　　称：绵阳真滋味食品公司					备注				
	纳税人识别号：000945659922235									
	地　址、电话：绵阳市九州路18号68267755									
	开户行及账号：建设银行九州支行85011782									

收款人：金山　　　　复核：夏雨　　　　开票人：张华　　　　销货单位：（章）

第三联：发票联　购货方记账凭证

凭证 2 - 3 - 4

委电　　　**委托收款凭证（付款通知）　5**

委托日期： 2011 年 12 月 2 日　　　付款日期： 2011 年 12 月 2 日　　　　　第　号

收款人	全　称	绵阳真滋味食品公司	付款人	全　称	四川天一商贸有限公司
	账号或住址	85011782		账号或住址	400086123768
	开户银行	绵阳建设银行九州支行		开户银行	工商银行成都文景支行

委收金额	人民币（大写）　陆万元整		千百十万千百十元角分　¥6 0 0 0 0 0 0
汇款用途	货款	委托收款凭证名称 附单证张数	2张
备注：	电划	付款人注意： 应于见票当日通知开户行划款。 如需拒付应在规定的期限内，将拒付理由书并附债务证明退交开户银行。	

单位主管　　会计　　复核　　记账　　　　付款人开户银行收到日期：2011年12月2日

此联付款人开户银行给付款人按期付款的通知

凭证 2 - 4 - 4

收　货　单

收货部门：食品组
供货单位：绵阳真滋味食品公司　　　　　　　　编号：17504111

2011年　12月　2日

商品名称	购进价格				零售价格				进销差价
	单位	数量	单价	金额	单位	数量	单价	金额	
方便面	箱	1,000	50.00	50,000.00	箱	1,000	80.00	80,000.00	30,000.00
合　计				¥50,000.00				¥80,000.00	¥30,000.00

结算联

收货人： 王义

凭证 3-1-4

四川增值税专用发票 No 52103678

发票联

开票日期：2011年12月2日

购货单位	名 称：四川天一商贸有限公司 纳税人识别号：510101122380052 地址、电话：成都市文景路28号 开户行及账号：工行文景分理处400086123768		密码区		略			第三联：发票联 购货方记账凭证

货物或应税劳务名称	规格型号	单位	数量	单价	金额	税率	税额
不锈钢锅		只	300	200.00	60,000.00	17%	10,200.00
合计					￥60,000.00	17%	￥10,200.00
价税合计（大写）	⊗ 柒万零贰佰元整				（小写）￥70,200.00		

销货单位	名 称：攀枝花市美佳不锈钢制品厂 纳税人识别号：111945785922356 地址、电话：攀枝花市民航路113号58244711 开户行及账号：工商银行民航路支行01-011-282	备注	攀枝花美佳不锈钢制品 发票专用章

收款人：李丽　　　复核：白文　　　开票人：张叶　　　销货单位：（章）

凭证 3-2-4

收　货　单

收货部门：批发事业部

供货单位：攀枝花美佳不锈钢制品厂　　　　　　编号：27504101

2011年　　12月　　2日

商品名称	规格	单位	应收数量	实收数量	单价	金额	
不锈钢锅		件	300	300	200.00	60,000.00	结算联
合　计						￥60,000.00	

收货人：王刚

凭证 3-3-4

收　货　单

收货部门：批发事业部

供货单位：攀枝花美佳不锈钢制品厂　　　　　　编号：27504101

2011年　　12月　　2日

商品名称	规格	单位	应收数量	实收数量	单价	金额	
不锈钢锅		件	300	300	200.00	60,000.00	入库联
合　计						￥60,000.00	

收货人：王刚

凭证 3-4-4

中国工商银行电汇凭证（回单）1

委托日期 2011 年 12 月 2 日 第 号

汇款人	全 称	四川天一商贸有限公司	收款人	全 称	攀枝花市美佳不锈钢制品厂	
	账号或住址	400086123768		账号或住址	01-011-282	此联汇出行给汇款人的回单
	汇出地点	四川成都	汇出行全称	工行成都市文景分理处		汇入地点	四川	汇入行名	工行民航路支行	

金额	人民币（大写）	柒万零贰佰元整	千	百	十	万	千	百	十	元	角	分
					¥	7	0	2	0	0	0	0

汇款用途：支付货款

（中国工商银行成都市分行 文景分理处 2011年12月2日 转讫）

汇出行盖章 2011 年 12 月 2 日

单位主管 会计 复核 记账

凭证 4-1-4

四川增值税专用发票 No 52703898

发票联

开票日期：2011年12月2日

购货单位	名 称：四川天一商贸有限公司	密码区	略	第三联：发票联 购货方记账凭证
	纳税人识别号：510101122380052			
	地址、电话：成都市文景路28号			
	开户行及账号：工行文景分理处400086123768			

货物或应税劳务名称	规格型号	单位	数量	单价	金额	税率	税额
可乐		箱	100	150.00	15,000.00	17%	2,550.00
雪碧		箱	100	180.00	18,000.00	17%	3,060.00
合计					¥33,000.00	17%	¥5,610.00

价税合计（大写）	⊗叁万捌仟陆佰壹拾元整	（小写）¥38,610.00

销货单位	名 称：绵阳市可口可乐公司	备注	（绵阳市可口可乐公司 发票专用章）
	纳税人识别号：257945695987355		
	地址、电话：绵阳市北里路307号		
	开户行及账号：工商银行北里路支行591-2354-01		

收款人：张欢 复核：黎明 开票人：徐显明 销货单位：（章）

凭证 4 - 2 - 4

收　货　单

收货部门：食品组
供货单位：绵阳市可口可乐公司　　　　　　　　编号：17504112

2011年　12月　2日

商品名称	购 进 价 格				零 售 价 格				进销差价
	单位	数量	单价	金额	单位	数量	单价	金额	
可乐	箱	100	150.00	15,000.00	箱	100	180.00	18,000.00	3,000.00
雪碧	箱	100	180.00	18,000.00	箱	100	220.00	22,000.00	4,000.00
合　计				¥33,000.00				¥40,000.00	¥7,000.00

结算联

收货人：王义

凭证 4 - 3 - 4

收　货　单

收货部门：食品组
供货单位：绵阳市可口可乐公司　　　　　　　　编号：17504112

2011年　12月　2日

商品名称	购 进 价 格				零 售 价 格				进销差价
	单位	数量	单价	金额	单位	数量	单价	金额	
可乐	箱	100	150.00	15,000.00	箱	100	180.00	18,000.00	3,000.00
雪碧	箱	100	180.00	18,000.00	箱	100	220.00	22,000.00	4,000.00
合　计				¥33,000.00				¥40,000.00	¥7,000.00

入库联

收货人：王义

凭证 4 - 4 - 4

商业承兑汇票

委托日期：贰零壹壹 年 壹拾贰 月 零贰 日　　　　　汇票号码：20756

收款人	全　称	绵阳市可口可乐公司	付款人	全　称	四川天一商贸有限公司
	账　号或住址	591-2354-01		账　号或住址	400086123768
	开户银行	工行北里路支行		开户银行	工行文景分理处

金额	人民币（大写）	叁万捌仟陆佰壹拾元整			千	百	十	万	千	百	十	元	角	分
							¥	3	8	6	1	0	0	0

汇票到期日：　　贰零壹贰 年 零贰 月零贰 日　　　　交易合同号 43286657

本汇票已由本单位承兑，到期日无条件支付票款。
此致

出票人盖章：

承兑人盖章
承兑日期：2011年12月2日

（印章：中国工商银行成都市分行 文景分理处 2011.12.2 汇讫）

凭证 5 - 1 - 2

中国工商银行
现金支票存根
支票号码　NO 0415312

科　目	
对方科目	
签发日期 2011年12月3日	
收款人：张峰	
金额：3,000.00元	
用途：差旅费	
备注：	

单位主管　　会计
复　核　　记账

凭证 5 - 2 - 2

借　款　单

2011年12月3日

部　门	采购部门	姓名	张峰	借款用途	差旅费
借款金额	人民币（大写）叁仟元整 （￥3000.00）				
实际报销金额		节余金额	（印章：银行付讫）	审核意见	同意借款。　王欢
		超支金额			
备注				结账日期　年　月　日	

财务主管　夏薇　　　　出纳　余静　　　借款人签章　张峰

凭证 6-1-2

工商银行进账单（回单）　　1

2011 年 12 月 3日　　　　　　第　　号

出票人	全　　称	成都红旗连锁有限公司	票据种类	
	账　　号	422586179700	票据张数	
	开户银行	工行汇通分理处	票据号码	

人民币（大写）　人民币：壹拾柒万伍仟伍佰元整　　　　　　　　　　千百十万千百十元角分　￥175500000

收款人（持票人）	全　　称	四川天一商贸有限公司
	账　　号	400086123768
	开户银行	工行文景分理处

中国工商银行成都市分行
文景分理处
2011年12月3日
转讫

（受票银行盖章）

备注：

此联仅作送票依据，不作提货依据；书写时请注意切勿污染第二联磁码打印区域。

此联送票人作送票依据

凭证 6-2-2

四川增值税专用发票　　No 50101357

此联不做报销、抵税凭证使用

开票日期：2011年12月3日

购货单位	名　　称：成都红旗连锁有限公司 纳税人识别号：570100022380987 地　址、电　话：成都市文武路78号 开户行及账号：工行汇通分理处422586179700	密码区	略

货物或应税劳务名称	规格型号	单位	数量	单价	金额	税率	税额
汇源果汁		箱	1,000	150.00	150,000.00	17%	25,500.00
合计					￥150,000.00	17%	￥25,500.00
价税合计（大写）	⊗　壹拾柒万伍仟伍佰元整				（小写）￥175,500.00		

销货单位	名　　称：四川天一商贸有限公司 纳税人识别号：510101122380052 地　址、电　话：成都市文景路28号 开户行及账号：工行文景分理处400086123768	备注	四川天一商贸有限公司 发票专用章

收款人：吴明　　　复核：李敏　　　开票人：张丽　　　销货单位：（章）

第一联：记账联　销货方记账凭证

凭证 7-1-2

四川增值税专用发票　No 21101118

发票联

开票日期：2011年12月3日

<table>
<tr><td rowspan="4">购货单位</td><td>名　　称：四川天一商贸有限公司</td><td rowspan="4">密码区</td><td rowspan="4">略</td><td rowspan="4">第三联：发票联　购货方记账凭证</td></tr>
<tr><td>纳税人识别号：510101122380052</td></tr>
<tr><td>地　址、电话：成都市文景路28号</td></tr>
<tr><td>开户行及账号：工行文景分理处400086123768</td></tr>
</table>

<table>
<tr><td>货物或应税劳务名称</td><td>规格型号</td><td>单位</td><td>数量</td><td>单价</td><td>金额</td><td>税率</td><td>税额</td></tr>
<tr><td>方便面</td><td></td><td>箱</td><td>960</td><td>50.00</td><td>48,000.00</td><td>17%</td><td>8,160.00</td></tr>
<tr><td>合　计</td><td></td><td></td><td></td><td></td><td>￥48,000.00</td><td>17%</td><td>￥8,160.00</td></tr>
<tr><td>价税合计（大写）</td><td colspan="2">⊗ 伍万陆仟壹佰陆拾元整</td><td colspan="5">（小写）￥56,160.00</td></tr>
</table>

<table>
<tr><td rowspan="4">销货单位</td><td>名　　称：绵阳真滋味食品公司</td><td rowspan="4">备注</td></tr>
<tr><td>纳税人识别号：000945659922235</td></tr>
<tr><td>地址、电话：绵阳市九州路18号68267755</td></tr>
<tr><td>开户行及账号：建设银行九州支行85011782</td></tr>
</table>

收款人：金山　　　复核：夏雨　　　开票人：张华　　　销货单位：（章）

凭证 7-2-2

收　货　单

收货部门：食品组

供货单位：绵阳真滋味食品公司　　　　　　　　　编号：17504113

2011年　12月　3日

<table>
<tr><td rowspan="2">商品名称</td><td colspan="4">购 进 价 格</td><td colspan="4">零 售 价 格</td><td rowspan="2">进销差价</td><td rowspan="2">结算联</td></tr>
<tr><td>单位</td><td>数量</td><td>单价</td><td>金额</td><td>单位</td><td>数量</td><td>单价</td><td>金额</td></tr>
<tr><td>方便面</td><td>箱</td><td>960</td><td>50.00</td><td>48,000.00</td><td>箱</td><td>960</td><td>80.00</td><td>76,800.00</td><td>28,800.00</td></tr>
<tr><td></td><td></td><td></td><td></td><td></td><td></td><td></td><td></td><td></td><td></td></tr>
<tr><td></td><td></td><td></td><td></td><td></td><td></td><td></td><td></td><td></td><td></td></tr>
<tr><td>合　计</td><td></td><td></td><td></td><td>￥48,000.00</td><td></td><td></td><td></td><td>￥76,800.00</td><td>￥28,800.00</td></tr>
</table>

收货人：王义

凭证 8-1-2

收　货　单

收货部门：食品组

供货单位：绵阳真滋味食品公司　　　　　　　　　编号：17504114

2011年　12月　4日

<table>
<tr><td rowspan="2">商品名称</td><td colspan="4">购 进 价 格</td><td colspan="4">零 售 价 格</td><td rowspan="2">进销差价</td><td rowspan="2">入库联</td></tr>
<tr><td>单位</td><td>数量</td><td>单价</td><td>金额</td><td>单位</td><td>数量</td><td>单价</td><td>金额</td></tr>
<tr><td>方便面</td><td>箱</td><td>1,000</td><td>50.00</td><td>50,000.00</td><td>箱</td><td>990</td><td>80.00</td><td>79,200.00</td><td>29,200.00</td></tr>
<tr><td></td><td></td><td></td><td></td><td></td><td></td><td></td><td></td><td></td><td></td></tr>
<tr><td>合　计</td><td></td><td></td><td></td><td>￥50,000.00</td><td></td><td></td><td></td><td>￥79,200.00</td><td>￥29,200.00</td></tr>
</table>

收货人：王义

凭证 8－2－2

商品购进溢余报告单

收货部门：食品组
供货单位：绵阳真滋味食品公司

编号：020001

2011年12月4日

商品名称	规格	单位	应收数量	实收数量	单价	短　缺		溢　余	
						数量	金额	数量	金额
方便面		箱	1,000	990	50.00	10.00	500.00		
合　计							￥500.00		

供货单位：绵阳真滋味食品公司	处理意见：	短缺或溢余原因：待查
发票号码：		

制单人：李慧

凭证 9－1－4

收　货　单

收货部门：食品组
供货单位：成都沙河源食品厂

编号：17504115

2011年　12月　　5日

商品名称	购 进 价 格				零 售 价 格				进销差价	
	单位	数量	单价	金额	单位	数量	单价	金额		
糖果	千克	500	25.00	12,500.00	千克	500	40.00	20,000.00	7,500.00	结算联
合　计				￥12,500.00				￥20,000.00	￥7,500.00	

收货人：王义

凭证 9－2－4

收　货　单

收货部门：食品组
供货单位：成都沙河源食品厂

编号：17504115

2011年　12月　　5日

商品名称	购 进 价 格				零 售 价 格				进销差价	
	单位	数量	单价	金额	单位	数量	单价	金额		
糖果	千克	500	25.00	12,500.00	千克	500	40.00	20,000.00	7,500.00	入库联
合　计				￥12,500.00				￥20,000.00	￥7,500.00	

收货人：王义

凭证 9－3－4

四川增值税专用发票　No 61002368

发票联

开票日期：2011年12月5日

购货单位	名　称：四川天一商贸有限公司 纳税人识别号：510101122380052 地址、电话：成都市文景路28号 开户行及账号：工行文景分理处400086123768				密码区	略		
货物或应税劳务名称	规格型号	单位	数量	单价	金额	税率	税额
糖果		千克	500	25.00	12,500.00	17%	2,125.00
合　计					￥12,500.00	17%	￥2,125.00
价税合计（大写）	⊗ 壹万肆仟陆佰贰拾伍元整				（小写）￥14,625.00		

销货单位	名　称：成都市沙河源食品厂 纳税人识别号：235945785002311 地址、电话：成都市沙河路23号6974711 开户行及账号：工商银行沙河路支行345778959511	备注	

收款人：张丽　　复核：白宇文　　开票人：刘琴　　销货单位：（章）

凭证 9－4－4

中国工商银行
转账支票存根

支票号码　NO 0415313

科　目
对方科目
签发日期 2011年12月5日
收款人：成都沙河源食品厂
金额：14,625.00元
用途：支付货款
备注：

单位主管　　会计
复　核　　记账

凭证 10－1－1

收　货　单

收货部门：食品组
供货单位：绵阳真滋味食品公司　　　　　编号：17504113

2011年　12月　5日

商品名称	购 进 价 格				零 售 价 格				进销差价
	单位	数量	单价	金额	单位	数量	单价	金额	
方便面	箱	960	50.00	48,000.00	箱	960	80.00	76,800.00	28,800.00
合　计				￥48,000.00				￥76,800.00	￥28,800.00

入库联

收货人：王义

凭证 11 - 1 - 2

工商银行进账单（回单）　　　1

2011 年 12 月 6日　　　　　第　　　号

<table>
<tr><td rowspan="3">出票人</td><td>全　称</td><td colspan="2">成都华安厨房用具商场</td><td>票据种类</td><td colspan="7"></td><td rowspan="9">此联送票人作送票依据</td></tr>
<tr><td>账　号</td><td colspan="2">422586179700</td><td>票据张数</td><td colspan="7"></td></tr>
<tr><td>开户银行</td><td colspan="2">工行顺城分理处</td><td>票据号码</td><td colspan="7"></td></tr>
<tr><td rowspan="2">人民币（大写）</td><td rowspan="2">人民币：柒万肆仟零贰元伍角整</td><td colspan="2" rowspan="2"></td><td></td><td>十</td><td>万</td><td>千</td><td>百</td><td>十</td><td>元</td><td>角</td><td>分</td></tr>
<tr><td></td><td></td><td>¥</td><td>7</td><td>4</td><td>0</td><td>0</td><td>2</td><td>5</td><td>0</td></tr>
<tr><td rowspan="3">收款人（持票人）</td><td>全　称</td><td colspan="2">四川天一商贸有限公司</td><td colspan="8" rowspan="3">中国工商银行成都市分行
文景分理处
2011年12月6日
转讫
（受票银行盖章）</td></tr>
<tr><td>账　号</td><td colspan="2">400086123768</td></tr>
<tr><td>开户银行</td><td colspan="2">工行文景分理处</td></tr>
<tr><td colspan="3">备注：</td></tr>
</table>

此联仅作送票依据，不作提货依据；书写时请注意切勿污染第二联磁码打印区域。

凭证 11 - 2 - 2

四川增值税专用发票　　No 52137469

此联不做报销、抵税凭证使用　　　　开票日期：2011年12月6日

<table>
<tr><td rowspan="4">购货单位</td><td>名　称：成都华安厨房用具商场</td><td rowspan="4">密码区</td><td rowspan="4">略</td><td rowspan="13">第一联：记账联　销货方记账凭证</td></tr>
<tr><td>纳税人识别号：3821025422396880</td></tr>
<tr><td>地址、电话：成都市顺城街78号</td></tr>
<tr><td>开户行及账号：工行顺城分理处422586179700</td></tr>
<tr><td>货物或应税劳务名称</td><td>规格型号</td><td>单位</td><td>数量</td><td>单价</td><td>金额</td><td>税率</td><td>税额</td></tr>
<tr><td>不锈钢锅</td><td></td><td>只</td><td>230</td><td>275.00</td><td>63,250.00</td><td>17%</td><td>10,752.50</td></tr>
<tr><td>合计</td><td></td><td></td><td></td><td></td><td>¥63,250.00</td><td>17%</td><td>¥10,752.50</td></tr>
<tr><td>价税合计（大写）</td><td colspan="4">⊗ 柒万肆仟零贰元伍角整</td><td colspan="3">（小写）¥74,002.50</td></tr>
<tr><td rowspan="4">销货单位</td><td>名　称：四川天一商贸有限公司</td><td rowspan="4">备注</td><td colspan="2" rowspan="4">四川天一商贸有限公司
发票专用章</td></tr>
<tr><td>纳税人识别号：510101122380052</td></tr>
<tr><td>地址、电话：成都市文景路28号</td></tr>
<tr><td>开户行及账号：工行文景分理处400086123768</td></tr>
</table>

<table>
<tr><td>收款人：李丽</td><td>复核：李敏</td><td>开票人：张丽</td><td>销货单位：（章）</td></tr>
</table>

凭证 12 - 1 - 2

四川省广告业专用发票

000032510

2011年 12 月 7 日

客户名称：四川天一商贸有限公司

摘　　　　　要	金　　　　　额										报销凭证
	千	百	十	万	千	百	十	元	角	分	
广告费			¥	2	0	0	0	0	0	0	

合计人民币（大写）贰万元整

备注

会计：刘芳　　收款人：杨明　　经手人：周慧敏　　收款单位（签章）

凭证 12 - 2 - 2

中国工商银行

转账支票存根

支票号码　NO 0415314

科　目 _____

对方科目 _____

签发日期 2011年12月7日

收款人：成都飞天广告公司
金额：20,000.00元
用途：广告费
备注：

单位主管　　会计

复　核　　记账

凭证 13 - 1 - 1

代 销 商 品 收 货 单

委托单位：成都市顺义被服厂　　　　　　编号：35204201

2011年　　　12月　　　7日

商品名称	规格	单位	应收数量	实收数量	单价	金额	入库联
蚕丝被		套	100	100	850.00	85,000.00	
合　计						¥ 85,000.00	

收货人：孙兴

凭证 14 - 1 - 1

中国工商银行成都分行

电子报税付款通知

开户银行：工行文景分理处　　　　　　收款国库：国家金库成都市龙泉驿区

扣款日期：2011 年12月07日

纳税人代码	510101122380052		税务征收机关	龙泉驿区税务局
纳税人全称	四川天一商贸有限公司		银行账号	400086123768
纳税流水号	税种		税款所属时间	实缴税额
	所得税		2011年11月1-30日	18,675.20
	增值税		2011年11月1-30日	48,642.00
	营业税		2011年11月1-30日	3,680.30
	城市维护建设税		2011年11月1-30日	3,155.47
	教育费附加		2011年11月1-30日	2,132.50
合　　计	（大写）柒万陆仟贰佰捌拾伍元肆角柒分			￥76,285.47
本付款通知经与银行对账单记录核对一致有效。		上述税款已经扣款，请与银行对账单记录核对一致，扣款银行（盖章）		

凭证 15 - 1 - 1

商品内部调拨单

调入部门：食品组　　　　　　　　　　2011年12月08日　　　　　　　　调出部门：批发事业部

商品名称	计量单位	数量	购进价格		零售价格		进销差价
			单价	金额	单价	金额	
糖果	千克	480	25.00	12,000.00	40.00	19,200.00	7,200.00
合　　计				￥12,000.00		￥19,200.00	￥7,200.00

审核：李金　　　　　　　　　　　　　　　　　　　　制单：鲁利民

凭证 16 - 1 - 2

差旅费报销单

2011年 12月08日

派出部门　公司采购部　　　　　　　　　　　　　　　　　　　　　单据张数　28张（略）

事　由　出差　　　　姓名　张峰　职务　采购经理　　预借款 3000元

起止日期				起止地点	车船费	办公邮电	住宿费	住勤费			途中		伙食补助			合计
月	日	月	日					标准	天数	金额	标准		标准	天数	金额	
12	2	12	7	成都-重庆	800.00	150.00	800.00	170.00	5	850.00				5	260.00	2,860.00
合　计					800.00	150.00	800.00			850.00					260.00	2,860.00

人民币（大写）壹佰肆拾圆整　　　　　应退（补）：140.00元

派出部门负责人：　　财务主管：　夏薇　　　　　　复核：　夏薇　　　　　　出纳：　余静

凭证 16 - 2 - 2

收　据

2011年12月8日

今收到张峰3,000元，其中现金140元，报销2,860元。

金额（大写）：叁仟元整　　　　　　　¥3,000

出纳：　余静

凭证 17 - 1 - 4

收　货　单

收货部门：　家纺组

供货单位：　成都市顺义被服厂　　　　　　　编号：17504116

2011年　12月　　8日

商品名称	购进价格				零售价格				进销差价
	单位	数量	单价	金额	单位	数量	单价	金额	
床上四件套	套	150	700.00	105,000.00	套	150	800.00	120,000.00	15,000.00
合　计				¥105,000.00				¥120,000.00	¥15,000.00

收货人：　王义

结算联

凭证 17－2－4

收　货　单

收货部门：　家纺组
供货单位：　成都市顺义被服厂

编号：17504116

2011年　12月　8日

商品名称	购进价格				零售价格				进销差价
	单位	数量	单价	金额	单位	数量	单价	金额	
床上四件套	套	150	700.00	105,000.00	套	150	800.00	120,000.00	15,000.00
合　计				￥105,000.00				￥120,000.00	￥15,000.00

收货人：　王义

入库联

凭证 17－3－4

四川增值税专用发票　No 75012408

发票联

开票日期：2011年12月8日

购货单位	名　　称：四川天一商贸有限公司 纳税人识别号：510101122380052 地址、电话：成都市文景路28号 开户行及账号：工行文景分理处400086123768	密码区	略				
货物或应税劳务名称	规格型号	单位	数量	单价	金额	税率	税额
床上四件套		套	150.00	700.00	105,000.00	17%	17,850.00
合　计					￥105,000.00	17%	￥17,850.00
价税合计（大写）　⊗壹拾贰万贰仟捌佰伍拾元整				（小写）￥122,850.00			
销货单位	名　　称：成都市顺义被服厂 纳税人识别号：2359480851402579 地址、电话：成都市龙江路40号8975511 开户行及账号：工商银行龙江路支行5858780190	备注					

第三联：发票联　购货方记账凭证

收款人：张之民　　复核：　　开票人：刘威　　销货单位：（章）

凭证 17－4－4

中国工商银行
转账支票存根

支票号码　NO 0415315

科　目
对方科目
签发日期 2011年12月8日
收款人：成都顺义被服厂
金额：122,850.00元
用途：支付货款
备注：

单位主管　　会计
复　核　　记账

凭证 18 - 1 - 1

四川增值税专用发票　No　76023417

此联不做报销、扣税凭证使用

开票日期：2011年12月9日

购货单位	名　　　称：成都市新世界商场 纳税人识别号：3359770889402532 地　址、电　话：成都市人民南路路50号8095523 开户行及账号：工商银行人民南路支行755898058	密码区	略

货物或应税劳务名称	规格型号	单位	数量	单价	金额	税率	税额
汇源果汁		箱	1,000	150.00	150,000.00	17%	25,500.00
合计					￥150,000.00	17%	￥25,500.00

价税合计（大写）	⊗ 壹拾柒万伍仟伍佰元整	（小写）￥175,500.00

销货单位	名　　　称：四川天一商贸有限公司 纳税人识别号：510101122380052 地　址、电　话：成都市文景路28号 开户行及账号：工行文景分理处400086123768	备注	四川天一商贸有限公司 发票专用章

收款人：张之民　　　复核：　　　开票人：刘威　　　销货单位：（章）

第一联：记账联　销货方记账凭证

凭证 19 - 1 - 3

四川增值税专用发票　No　30101356

发票联

开票日期：2011年12月10日

购货单位	名　　　称：四川天一商贸有限公司 纳税人识别号：510101122380052 地　址、电　话：成都市文景路28号 开户行及账号：工行文景分理处400086123768	密码区	略

货物或应税劳务名称	规格型号	单位	数量	单价	金额	税率	税额
压力锅		只	700	665.00	465,500.00	17%	79,135.00
合计					￥465,500.00	17%	￥79,135.00

价税合计（大写）	⊗ 伍拾肆万肆仟陆佰叁拾伍元整	（小写）￥544,635.00

销货单位	名　　　称：浙江苏泊尔炊具公司 纳税人识别号：450101322381055 地　址、电　话：台州市大件路22号88263355 开户行及账号：建设银行台州支行957117456711	备注	浙江苏泊尔炊具公司 发票专用章

收款人：金山　　　复核：夏雨　　　开票人：张华　　　销货单位：（章）

第三联：发票联　购货方记账凭证

凭证 19－2－3

商业承兑汇票

委托日期: 贰零壹壹 年 壹拾贰月 壹拾 日　　　　　汇票号码: 34768

<table>
<tr><td rowspan="3">收款人</td><td>全　　称</td><td>浙江苏泊尔炊具公司</td><td rowspan="3">付款人</td><td>全　　称</td><td colspan="9">四川天一商贸有限公司</td></tr>
<tr><td>账　　号
或住址</td><td>957117456711</td><td>账　　号
或住址</td><td colspan="9">400086123768</td></tr>
<tr><td>开户银行</td><td>建设银行台州支行</td><td>开户银行</td><td colspan="9">工行文景分理处</td></tr>
<tr><td rowspan="2">金额</td><td>人民币
(大写)</td><td colspan="2">伍拾肆万肆仟陆佰叁拾伍元整</td><td>千</td><td>百</td><td>十</td><td>万</td><td>千</td><td>百</td><td>十</td><td>元</td><td>角</td><td>分</td></tr>
<tr><td colspan="3"></td><td colspan="3">¥ 5</td><td>4</td><td>4</td><td>6</td><td>3</td><td>5</td><td>0</td><td>0</td></tr>
<tr><td colspan="2">汇票到期日</td><td colspan="2">贰零壹贰 年 零贰 月 壹拾 日</td><td colspan="3">交易合同号</td><td colspan="6">43286657</td></tr>
<tr><td colspan="4">本汇票已由本单位承兑, 到期日无条件支付票款。
此致</td><td colspan="9">出票人盖章:</td></tr>
<tr><td colspan="4">承兑人盖章
承兑日期: 2011年12月10日</td><td colspan="9"></td></tr>
</table>

凭证 19－3－3

收　货　单

收货部门: 厨具类
供货单位: 浙江苏泊尔炊具公司　　　　　　　　编号: 17504117

2011年　12月　10日

<table>
<tr><td rowspan="2">商品名称</td><td colspan="4">购 进 价 格</td><td colspan="4">零 售 价 格</td><td rowspan="2">进销差价</td><td rowspan="2"></td></tr>
<tr><td>单位</td><td>数量</td><td>单价</td><td>金额</td><td>单位</td><td>数量</td><td>单价</td><td>金额</td></tr>
<tr><td>压力锅</td><td>只</td><td>700</td><td>665.00</td><td>465,500.00</td><td>只</td><td>700</td><td>750.00</td><td>525,000.00</td><td>59,500.00</td><td rowspan="4">结算联</td></tr>
<tr><td></td><td></td><td></td><td></td><td></td><td></td><td></td><td></td><td></td><td></td></tr>
<tr><td></td><td></td><td></td><td></td><td></td><td></td><td></td><td></td><td></td><td></td></tr>
<tr><td>合　计</td><td></td><td></td><td></td><td>¥465,500.00</td><td></td><td></td><td></td><td>¥525,000.00</td><td>¥59,500.00</td></tr>
</table>

收货人: 王义

凭证 20－1－3

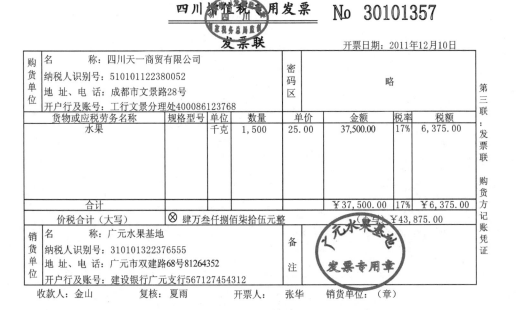

四川增值税专用发票　No 30101357

发票联

开票日期：2011年12月10日

购货单位	名　称：四川天一商贸有限公司 纳税人识别号：510101122380052 地址、电话：成都市文景路28号 开户行及账号：工行文景分理处400086123768				密码区	略		
货物或应税劳务名称	规格型号	单位	数量	单价	金额	税率	税额
水果		千克	1,500	25.00	37,500.00	17%	6,375.00
合计					￥37,500.00	17%	￥6,375.00
价税合计（大写）	⊗ 肆万叁仟捌佰柒拾伍元整					（小写）￥43,875.00		
销货单位	名　称：广元水果基地 纳税人识别号：310101322376555 地址、电话：广元市双建路68号81264352 开户行及账号：建设银行广元支行567127454312				备注	广元水果基地 发票专用章		

收款人：金山　　复核：夏雨　　开票人：张华　　销货单位：（章）

第三联：发票联　购货方记账凭证

凭证 20－2－3

铁 路 货 票

提运单号 ：52211

发站	广元	到站	成都站	车种车号		货车标重		承运人/托运人装车			
经由			货物运到期限	铁路蓬布号码							
运价里程			保价金额					现付费用			
托运人名称及地址			广元水果基地				费别	金额	费别	金额
收货人名称及地址			四川天一商贸有限公司				运费	2,000.00	装卸费	
货物名称	品名代码	件数	货物质量	计费重量	运价号	运价率	基金		过秤	
合　计								2,000.00		
集装箱号码										
记事							合计	贰仟元整		

经办人：林苗　　　　　　　　　　　　　日期：2011年12月10日

凭证 20 - 3 - 3

收 货 单

收货部门：批发事业部
供货单位：广元水果基地　　　　　　　编号：17504102

2011年　　12月　　10日

商品名称	规格	单位	应收数量	实收数量	单价	金额	
水果		千克	1,500		25.00	37,500.00	结算联
合　计						￥37,500.00	

收货人：王刚

凭证 21 - 1 - 1

收 货 单

收货部门：批发事业部
供货单位：浙江苏泊尔炊具公司　　　　编号：27504104

2011年　　12月　　11日

商品名称	规格	单位	应收数量	实收数量	单价	金额	
压力锅		件	700	700	665.00	465,500.00	入库联
合　计						￥465,500.00	

收货人：王刚

凭证 22 - 1 - 1

收 货 单

收货部门：批发事业部
供货单位：广元水果基地　　　　　　　编号：17504102

2011年　　12月　　12日

商品名称	规格	单位	应收数量	实收数量	单价	金额	
水果		千克	1,500	1,500	25.00	37,500.00	入库联
合　计						￥37,500.00	

收货人：王刚

凭证 23－1－1

分期收款发出商品出库单

委托方：　四川天一商贸有限公司　　　　　　受托方：绵阳五洲商场

2011年　　12月　　12日

商品名称	单位	数量	进价		售价	
			单价	金额	单价	金额
压力锅	只	550	665.00	365,750.00	750.00	412,500.00
合　计				￥365,750.00		￥412,500.00

出库地点：批发事业部仓库　　　　　　　　保管员：李明

凭证 24－1－2

四川增值税专用发票　No 21101198

此联不做报销　扣税凭证使用

开票日期：2011年12月12日

购货单位	名　称：绵阳五洲商场　纳税人识别号：356101124383337　地址、电话：绵阳市道里街10号　开户行及账号：工行道里分理处400045123319			密码区	略		
货物或应税劳务名称	规格型号	单位	数量	单价	金额	税率	税额
方便面		箱	1,500	80.00	120,000.00	17%	20,400.00
合计					￥120,000.00	17%	￥20,400.00
价税合计（大写）	⊗ 壹拾肆万零肆佰元整				（小写）￥140,400.00		
销货单位	名　称：四川天一商贸有限公司　纳税人识别号：510101122380052　地址、电话：成都市文景路28号　开户行及账号：工行文景分理处400086123768			备注			

收款人：金山　　　复核：夏雨　　　开票：张华　　　销货单位：（章）

第一联：记账联　销货方记账凭证

凭证 24-2-2

托 收 凭 证（回单）　1

委托日期：2011 年 12 月 12 日　　　付款期限：　年　月　日　　　编　　号：573672

业务类		委托收款（□邮划□电划）		托收承付（□邮划□电划）			此联是收款人开户银行给收款人的回单
收款人	全　　称	四川天一商贸有限公司	付款人	全　　称	绵阳五洲商场		
	账号或住址	400086123768		账号或住址	400045123319		
	开户银行	工行文景分理处		开户银行	工行道里分理处		
金额	人民币（大写）	壹拾肆万零肆佰元整			千百十万千百十元角分 ¥ 1 4 0 4 0 0 0 0		
款项名称		货款	委托收款凭证名称	发票	附单证张数	2张	
备注：							

（印章：中国工商银行成都市分行 文景分理处 2011年12月12日 业务专用章）

凭证 25-1-2

中国工商银行

现金支票存根

支票号码　NO 10087967

科　目
对方科目
签发日期 2011年12月12日
收款人：四川天一商贸有限公司
金额：10,000.00元
用途：收购水果
备注：

单位主管　　会计

复　核　　记账

凭证 25-2-2

产 品 收 购 汇 总 表

填报单位：金堂收购站　　　　　　　编号：23408201

2011年　　12月　　12日

商品名称	等级	单位	数量	单价	金额	备注
苹果	一级	千克	300	25.00	7,500.00	免税农产品
合　计					¥ 7,500.00	

审核：张志　　制单：李建　　　　　收货人：李建

凭证 26 - 1 - 4

四川增值税专用发票　No 21101198

此联不做报销、扣税凭证使用

开票日期：2011年12月13日

购货单位	名　　　称：绵阳五洲商场 纳税人识别号：356101124383337 地址、电话：绵阳市道里街10号 开户行及账号：工行道里分理处4000451233	密码区	略		
货物或应税劳务名称	规格型号	单位	数量	单价	金额	税率	税额

货物或应税劳务名称	规格型号	单位	数量	单价	金额	税率	税额
可乐		箱	1,500	80.00	120,000.00	17%	20,400.00
合计					￥120,000.00	17%	￥20,400.00

价税合计（大写）	⊗　壹拾肆万零肆佰元整	（小写）￥140,400.00

销货单位	名　　　称：四川天一商贸有限公司 纳税人识别号：510101122380052 地址、电话：成都市文景路28号 开户行及账号：工行文景分理处4000861237	备注

收款人：金山　复核：夏雨　开票人：张华　销货单位：（章）

第一联：记账联　销货方记账凭证

凭证 26 - 2 - 4

收 货 单

收货部门：食品组
供货单位：绵阳市可口可乐公司　　　　　　编号：17504118

2011年 12月 13日

商品名称	购 进 价 格				零 售 价 格				进销差价
	单位	数量	单价	金额	单位	数量	单价	金额	
可乐	箱	500	150.00	75,000.00	箱	500	180.00	90,000.00	15,000.00
合　计				￥75,000.00				￥90,000.00	￥15,000.00

收货人：　王义

结算联

凭证 26 - 3 - 4

收 货 单

收货部门：食品组
供货单位：绵阳市可口可乐公司　　　　　　编号：17504118

2011年 12月 13日

商品名称	购 进 价 格				零 售 价 格				进销差价
	单位	数量	单价	金额	单位	数量	单价	金额	
可乐	箱	500	150.00	75,000.00	箱	500	180.00	90,000.00	15,000.00
合　计				￥75,000.00				￥90,000.00	￥15,000.00

收货人：　王义

入库联

凭证 26 - 4 - 4

中国工商银行　电汇凭证　4（收款通知或取款依据）　　　第　　号

	委托日期：　贰零壹壹　年　壹拾贰　月　壹拾叁　日				
收款人	全　称	绵阳市可口可乐公司	汇款人	全　称	四川天一商贸有限公司
	账号或住址	591-2354-01		账号或住址	400086123768
	开户银行	工行北里路支行		开户银行	工行文景分理处

金额	人民币（大写）	捌万柒仟柒佰伍拾元整	千	百	十	万	千	百	十	元	角	分
					¥	8	7	7	5	0	0	0

汇票到期日：　贰零壹贰　年　零贰　月壹拾叁　日　　　　交易合同号

汇款用途：支付货款

上列款项已代进账，如有错误请持此联来行面洽

上列款项已照收无误　　收款人盖章

（中国工商银行文景分理处（汇入行盖章）2011.12.13 业务专用章）

（中国工商银行北里路支行 2011.12.13 业务专用章）

（中国工商银行成都市分行 北里路支行 2011年12月13日 转讫）

科目
对方科目
汇入行解汇日期　年　月　日
复核　记账　　　　出纳

凭证 27 - 1 - 1

托收承付凭证（承付支款通知）　　5

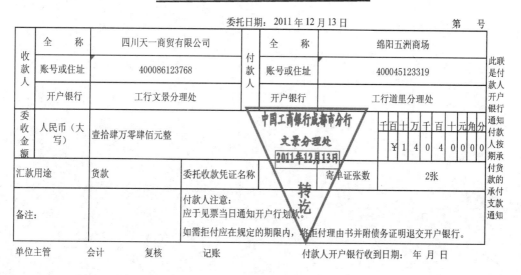

			委托日期：2011 年 12 月 13 日		第　　号	
收款人	全　称	四川天一商贸有限公司	付款人	全　称	绵阳五洲商场	此联是付款人开户银行通知付款人按期承付货款的承付支款通知
	账号或住址	400086123768		账号或住址	400045123319	
	开户银行	工行文景分理处		开户银行	工行道里分理处	

委收金额	人民币（大写）	壹拾肆万零肆佰元整	千	百	十	万	千	百	十	元	角	分
				¥	1	4	0	4	0	0	0	0

（中国工商银行成都市分行 文景分理处 2011年12月13日 转讫）

汇款用途	货款	委托收款凭证名称		寄单证张数	2张

备注：		付款人注意： 应于见票当日通知开户行划款。 如需拒付应在规定的期限内，将拒付理由书并附债务证明退交开户银行。

单位主管　　会计　　复核　　记账　　　　　付款人开户银行收到日期：年 月 日

凭证 28－1－1

商品购进溢余报告单

收货部门：食品组

供货单位：绵阳真滋味食品公司　　　　　　编号：020002

2011年　　12月　　14日

商品名称	规格	单位	应收数量	实收数量	单价	短　缺		溢　余	
						数量	金额	数量	金额
方便面		箱	1,000	990	50.00	10	500.00		
合　　计							￥500.00		
供货单位：绵阳真滋味食品公司				处理意见：短缺10箱由运输部门赔偿。					
发票号码：									

制单人：李慧

凭证 29－1－5

中国工商银行

现金支票存根

支票号码　NO　10087968

科　　目
对方科目
签发日期 2011年12月15日
收款人：四川天一商贸有限公司
金额：3,500.00元
用途：展销费
备注：

单位主管　　　会计

复　　核　　　记账

凭证 29－2－5

四川省广告业专用发票

2011年12 月 15 日　　　　　　　　　　023432511

客户名称：四川天一商贸有限公司

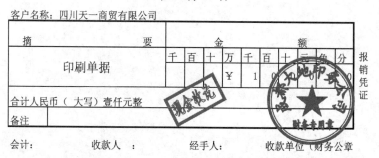

摘　　　　　　要	金　　　　　额										
	千	百	十	万	千	百	十	元	角	分	
印刷单据					￥	1	0	0	0	0	0
合计人民币（大写）壹仟元整											
备注											

会计：　　　　收款人：　　　　　经手人：　　　　收款单位（财务公章

凭证 29－3－5

四川省广告业专用发票

335032523

2011年12 月15 日

客户名称：四川天一商贸有限公司

摘　　　　　　要	金　　　　　额										
	千	百	十	万	千	百	十	元			
展销会场地费					￥	1	8	0	0	0	0
合计人民币（大写）壹仟捌佰元整											
备注											

会计：　　　收款人：　　　经手人：　　　收款单位（财务公章）

凭证 29－4－5

四川省广告业专用发票

355032511

2011年12 月 15 日

客户名称：四川天一商贸有限公司

摘　　　　　　要	金　　　　　额										
	千	百	十	万	千	百	十	元	角	分	
修理基础设施						￥	7	0	0	0	0
合计人民币（大写）柒佰元整											
备注											

会计：　　　收款人：　　　经手人：　　　收款单位（财务公章）

凭证 29－5－5

费 用 报 销 单

报销部门： 年 月 日		单据及附件： 张	
用途	金额（元）	部门领导签批	
		公司领导签批	
合计			
金额大写：	原借款 元	应退余款 元	

会计主管　　会计　　出纳　　报销人　　领款人

凭证 30－1－1

工 资 结 算 汇 总 表

2011年12月15日

部门	标准工资	病事假扣款	应发标准工资	奖金	食品补助	应发合计	非工资性津贴	
							交通补贴	房补
商品经营部门	53,900.00	100.00	53,800.00	25,600.00	1,500.00	81,000.00	2,000.00	350.00
行政管理部门	27,800.00	101.00	27,699.00	25,600.00	1,500.00	54,900.00	380.00	120.00
合计	81,700.00	201.00	81,499.00	51,200.00	3,000.00	135,900.00	2,380.00	470.00

部门	代扣款项							实发合计
	住房公积金	养老保险	医疗保险	失业保险	个人所得税	工会经费	合计	
商品经营部门	4,560.00	4,389.21	1,659.68	785.43	578.50	128.00	12,100.82	71,249.18
行政管理部门	1,040.32	1,243.00	468.67	125.00	104.50	32.00	3,013.49	52,386.51
合计	5,600.32	5,632.21	2,128.35	910.43	683.00	160.00	15,114.31	123,635.69

凭证 31－1－1

四川增值税专用发票　No 21101267

此联不做退税、扣税凭证使用

开票日期：2011年12月15日

购货单位	名　称：绵阳五洲商场 纳税人识别号：356101124383337 地址、电话：绵阳市道里街10号 开户行及账号：工行道里分理处40004512331	密码区	略

货物或应税劳务名称	规格型号	单位	数量	单价	金额	税率	税额
压力锅		只	550	750.00	412,500.00	17%	70,125.00
合计					￥412,500.00	17%	￥70,125.00

价税合计（大写）	⊗ 肆拾捌万贰仟陆佰贰拾伍元整	（小写）￥482,625.00

销货单位	名　称：四川天一商贸有限公司 纳税人识别号：510101122380052 地址、电话：成都市文景路28号 开户行及账号：工行文景分理处40008612376	备注	

收款人：金山　复核：夏雨　开票人：张华　销货单位：（章）

第一联：记账联 销货方记账凭证

凭证 32 - 1 - 5

商品销售收入缴款单

缴款部门：食品组　　　　2011年12月15日

货款种类	张数	金额	货款种类	张数	金额
现金			银行卡签购单	15	21,260.00
其中：			转账支票	3	40,370.00
票面100元	295	29,500.00	银行本票		
票面50元	231	11,550.00			
票面20元	36	720.00			
票面10元	49	490.00			
票面5元	32	160.00			
票面2元	0	0.00			
票面1元	30	30.00			
角票、分币					

缴款金额人民币（大写）：壹拾万零肆仟零捌拾元整　　　￥104,080.00

缴款人：李佳　　　　　　　　　　　　　收款人：曲蕾

凭证 32 - 2 - 5

商品销售收入缴款单

缴款部门：家纺组　　　　2011年12月15日

货款种类	张数	金额	货款种类	张数	金额
现金			银行卡签购单	30	165,990.00
其中：			转账支票	3	40,000.00
票面100元	1,390	139,000.00	银行本票		
票面50元	1,062	53,100.00			
票面20元	40	800.00			
票面10元	106	1,060.00			
票面5元	30	150.00			
票面2元	0	0.00			
票面1元	40	40.00			
角票、分币					

缴款金额人民币（大写）：肆拾万零壹佰肆拾元整　　　￥400,140.00

缴款人：孙金利　　　　　　　　　　　　收款人：曲蕾

凭证 32 - 3 - 5

工商银行进账单（回单）　　1

2011 年 12 月15日　　　　第　　　　号

出 票 人	全　　称	绵阳五洲商场	票据种类										此联送票人作送票依据
	账　　号	400045123319	票据张数										
	开户银行	工行道里分理处	票据号码										
人民币（大写）		人民币：　捌万零叁佰柒拾元整		千	百	十	万	千	百	十	元	角	分	
						¥	8	0	3	7	0	0	0	
收款人	全　　称	四川天一商贸有限公司											
持票人	账　　号	400086123768											
	开户银行	工行文景分理处											
备注：			（受票银行盖章）										

此联仅作送票依据，不作提货依据；书写时请注意切勿污染第二联磁码打印区域。

凭证 32 - 4 - 5

工商银行现金送款单（回单）　　1

2011 年 12 月15日　　　　第　　　　号

款项来源		销货款	收款人全称	四川天一商贸有限公司									此联送票人作送票依据
解款部门		财务部	收款人账号	400086123768									
人民币（大写）		人民币：　贰拾叁万陆仟陆佰元整		百	十	万	千	百	十	元	角	分	
					¥	2	3	6	6	0	0	0	0	
面票	张数	票面	张数	种类	百	十	元	角	分				
备注：			（受票银行盖章）										

凭证 32 - 5 - 5

中国工商银行银联卡汇计单

特约单位名称：

四川天一商贸有限公司

特约单位编号：

编　　号：	23858323
日　　期：	2011年12月15日
签购单总份数	45
总 计 金 额	87,250.00
手续费9‰	1,685.25
净 计 金 额	85,564.75

后退特约单位作交费收数据

第一联：银行盖章

凭证 33 - 1 - 2

（红字）　四川增值税专用发票　No 21101208

此联不做报销、扣税凭证使用

开票日期：2011年12月16日

购货单位	名　　　称：绵阳五洲商场 纳税人识别号：356101124383337 地　址、电　话：绵阳市道里街10号 开户行及账号：工行道里分理处400045123319	密码区	略

货物或应税劳务名称	规格型号	单位	数量	单价	金额	税率	税额
方便面		箱	1,500	16.00	24,000.00	17%	4,080.00
合计					￥24,000.00	17%	￥4,080.00

价税合计（大写）	⊗ 贰万捌仟零捌拾元整	（小写）￥28,080.00

销货单位	名　　　称：四川天一商贸有限公司 纳税人识别号：510101122380052 地　址、电　话：成都市文景路28号 开户行及账号：工行文景分理处400086123768	备注	（章）

收款人：金山　　　　复核：夏　　　　开票人：张华　　　　销货单位：（章）

凭证 33 - 2 - 2

成都市国家税务局
企业进货退出及索取折让证明单

NO.5748

销货单位	全称	四川天一商贸有限公司			
	税务登记号	510101122380052			
进货退出	货物名称	单价	数量	货款	税额
索取折让	货物名称	货款	税额	要求	
				折让金额	折让税额
		120,000.00	20,400.00	24,000.00	4,080.00
退货或索取折让理由	商品瑕疵 单位签章 2011年12月16日	税务征收机关盖章	经办人：同意 2011年12月16日		
购货单位	全称	绵阳五洲商场			
	税务登记号	356101124383337			

本证明单一式三联：

第一联：征收机关留存；第二联：交销货单位；第三联：购货单位留存。

凭证 34－1－2

工商银行进账单（回单）　　1

2011 年 12 月16日　　　　　　第　　　号

出票人	全　称	绵阳五洲商场	票据种类											
	账　号	400045123319	票据张数											
	开户银行	工行道里分理处		千	百	十	万	千	百	十	元	角	分
人民币（大写）		人民币：陆仟壹佰肆拾贰元伍角整					￥	6	1	4	2	5	0
收款人（持票人）	全　称	四川天一商贸有限公司											
	账　号	400086123768											
	开户银行	工行文景分理处											
备注：													

（受票银行盖章）

此联送票人作送票依据

此联仅作送票依据，不作提货依据；书写时请注意切勿污染第二联磁码打印区域。

凭证 34－2－2

四川增值税专用发票　　№ 21101327

此联不做报销、扣税凭证使用　　　　　开票日期：2011年12月16日

购货单位	名　称：绵阳五洲商场			密码区		略		第一联：记账联　销货方记账凭证
	纳税人识别号：356101124383337							
	地址、电话：绵阳市道里街10号							
	开户行及账号：工行道里分理处400045123319							
货物或应税劳务名称	规格型号	单位	数量	单价	金额	税率	税额	
水果		千克	150	35.00	5,250.00	17%	892.50	
合计					￥5,250	17%	892.50	
价税合计（大写）	⊗ 陆仟壹佰肆拾贰元伍角整				（小写）￥6,142.50			
销货单位	名　称：四川天一商贸有限公司			备注				
	纳税人识别号：510101122380052							
	地址、电话：成都市文景路28号							
	开户行及账号：工行文景分理处400086123768							

收款人：金山　　　复核：夏雨　　　开票人：张华　　　销货单位：（章）

凭证 35 - 1 - 1

保险金计算表

2011年12月16日　　　　　　　　编号：1201

项目	工资总额		提取率	计提金额
养老保险金	商品经营部门	81,000.00	8.00%	
	行政管理部门	54,900.00	8.00%	
医疗保险金	商品经营部门	81,000.00	2.00%	
	行政管理部门	54,900.00	2.00%	
失业保险金	商品经营部门	81,000.00	1.00%	
	行政管理部门	54,900.00	1.00%	
合计				

审核：夏薇　　　　　　　　　　　　　　制表：王梦

凭证 36 - 1 - 1

住房公积金计算表

2011年12月16日　　　　　　　　编号：1202

工资总额		提取率	计提金额
商品经营部门	81,000.00	7.00%	
行政管理部门	54,900.00	7.00%	
合计			

审核：夏薇　　　　　　　　　　　　　　制表：王梦

凭证 37 - 1 - 1

工会经费及福利费计算表

2011年12月16日　　　　　　　　编号：1203

项目	工资总额		提取率	计提金额
工会经费	商品经营部门	81,000.00	2.00%	
	行政管理部门	54,900.00	2.00%	
教育经费	商品经营部门	81,000.00	1.50%	
	行政管理部门	54,900.00	1.50%	
福利费	商品经营部门	81,000.00	14.00%	
	行政管理部门	54,900.00	14.00%	
合计				

审核：夏薇　　　　　　　　　　　　　　制表：王梦

凭证 38 - 1 - 1

销货款短缺溢余报告单

部门：食品组　　　　　　　2011年12月16日

销售金额	104,130.00	部门意见	同意
实收金额	104,080.00		
短缺款	50.00		
溢余款		领导审批	同意
溢缺原因	由收款人李敏赔偿		

收款员：曲波

凭证 39 - 1 - 3

四川增值税专用发票　　No 52137519

此联不做报销，卡税凭证使用

开票日期：2011年12月17日

购货单位	名　　称：成都华安厨房用具商场 纳税人识别号：3821025422396880 地　址、电　话：成都市顺城街78号 开户行及账号：工行顺城分理处422586179700	密码区	略

货物或应税劳务名称	规格型号	单位	数量	单价	金额	税率	税额
不锈钢锅		只	400	275.00	110,000.00	17%	18,700.00
合计					￥110,000.00	17%	￥18,700.00

价税合计（大写）	⊗ 壹拾贰万捌仟柒佰元整	（小写）￥128,700.00

销货单位	名　　称：四川天一商贸有限公司 纳税人识别号：510101122380052 地　址、电　话：成都市文景路28号 开户行及账号：工行文景分理处400086123768	备注	四川天一商贸有限公司 发票专用章

收款人：李丽　　　复核：李敏　　　开票人：张丽　　　销货单位：（章）

第一联：记账联　销货方记账凭证

凭证 39 - 2 - 3

Uninon Pay 签购单
银联

商户存根

特约商户名称：四川天一商贸有限公司	
POS号：000456	
终端机号：2884934	
特约商户编号：108287575845	

卡别/卡号：6622 3434 4335 6578（工行）
交易类型：消费　　有效期：11/12
批次号码：583992　　查询号：4432
时间/日期：11/12/17
序号：29485776　　授权号：43948
金额：128,700.00
（同意支付上述款项）

（持卡人签字）

李玉

凭证 39 - 3 - 3

中国工商银行银联卡
汇计单

编　　　号：43823357
日　　　期：2011年12月17日
签购单总份数：1
总 计 金 额：128,700.00
手续费9‰：1,158.30
净 计 金 额：127,541.70

特约单位名称：
四川天一商贸有限公司
特约单位编号：

第一联：银行作交换回单
后退特约单位作收据费收据单位盖章

凭证 40 - 1 - 2

（红字）

四川增值税专用发票　No 21101379

此联不做报销、扣税凭证使用

开票日期：2011年12月20日

购货单位	名　　　称：绵阳五洲商场	密码区		略		
	纳税人识别号：356101124383337					
	地　址、电话：绵阳市道里街10号					
	开户行及账号：工行道里分理处400045123319					
货物或应税劳务名称	规格型号	单位	数量	单价	金额	税率	税额
水果		千克	150	0.50	75.00	17%	12.75
合计					￥75.00	17%	￥12.75
价税合计（大写）　⊗ 捌拾柒元柒角伍分　　（小写）￥87.75							
销货单位	名　　　称：四川天一商贸有限公司	备注				
	纳税人识别号：510101122380052					
	地　址、电话：成都市文景路28号					
	开户行及账号：工行文景分理处400086123768					

第一联：记账联　销货方记账凭证

收款人：金山　　复核：夏雨　　开票人：张华　　销货单位：（章）

凭证 40 - 2 - 2

销 货 更 正 单

销货单位：天一商贸公司　　　　日期：2011年12月20日

项目	规格、品名	单位	数量	单价	金额	税率	税额
原来	水果	千克	150	35.00	5,250.00	17%	892.50
更正	水果	千克	150	34.50	5,175.00	17%	879.75
应收应付	人民币（大写）捌拾柒元柒角伍分				应收应付		87.75
更正原因					价格变动		

制表：李徽慧

凭证 41 - 1 - 1

中国工商银行
转账支票存根

支票号码　NO　0415316

科　　目

对方科目

签发日期　2011年12月20日

收款人：四川天一商贸有限公司工会

金额：2,718.00元

用途：工会经费

备注：

单位主管　　会计
复　核　　记账

凭证 42 - 1 - 1

中国工商银行
转账支票存根

支票号码　NO　0415317

科　　目

对方科目

签发日期　2011年12月20日

收款人：成都市公积金管理中心

金额：19,026.00元

用途：公积金

备注：

单位主管　　会计
复　核　　记账

凭证 43 - 1 - 1

委托加工商品发料单

2011年12月20 日　　　　　　　　　　　合同号：67253

加工单位	成都市顺义被服厂		加工成品名称	床上四件套（新）	数量	240
拨付商品名称	单位	数量	单价	金额	备注	
床上四件套	套	240	500.00	120,000.00	添加花边、丝带等装饰物	
合计				￥ 120,000.00		

发料：王义　　　　　　　　　　　　　　　　　制单：林长青

凭证 44 - 1 - 3

成都市国家税务局
企业进货退出及索取折让证明单

NO.5818

销货单位	全称	四川天一商贸有限公司			
	税务登记号	510101122380052			
进货退出	货物名称	单价	数量	货款	税额
	不锈钢锅	275.00	400	110,000.00	18,700.00
索取折让	货物名称	货款	税额	要求	
				折让金额	折让税额
退货或索取折让理由	规格不符　单位签章　2011年12月20日		税务征收机关盖章	经办人：同意　成都市国税局　2011年12月20日	
购货单位	全称	成都华安厨房用具商场			
	税务登记号	3821025422396880			

本证明单一式三联：

第一联：征收机关留存；第二联：交销货单位；第三联：购货单位留存。

第二联：销货单位留存

凭证 44 - 2 - 3

进 货 退 出 单

编号：002300

供货单位：四川天一商贸有限公司　　　　　2011年12月20日

货号	品名	单位	应退数量	实退数量	单价	金额	
	不锈钢锅	只	400	400	275.00	110,000.00	出库联
商品类别	厨具类						

凭证 44 – 3 – 3

（红字）　　四川增值税专用发票　　No　52138453

此联不做报销，扣税凭证使用

开票日期：2011年12月20日

购货单位	名　　　称：成都华安厨房用具商场				密码区	略		
	纳税人识别号：3821025422396880							
	地址、电话：成都市顺城街78号							
	开户行及账号：工行顺城分理处422586179700							
货物或应税劳务名称	规格型号	单位	数量	单价	金额	税率	税额	
不锈钢锅		只	400	275.00	110,000.00	17%	18,700.00	
合　计					￥110,000.00	17%	￥18,700.00	
价税合计（大写）	⊗ 壹拾贰万捌仟柒佰元整				（小写）￥128,700.00			
销货单位	名　　　称：四川天一商贸有限公司				备注			
	纳税人识别号：510101122380052							
	地址、电话：成都市文景路28号							
	开户行及账号：工行文景分理处400086123768							

收款人：李丽　　　复核：李每　　　开票人：张丽　　　销货单位：（章）

凭证 45 – 1 – 3

四川增值税专用发票　　No　301012357

发票联

开票日期：2011年12月21日

购货单位	名　　　称：四川天一商贸有限公司				密码区	略		
	纳税人识别号：510101122380052							
	地址、电话：成都市文景路28号							
	开户行及账号：工行文景分理处400086123768							
货物或应税劳务名称	规格型号	单位	数量	单价	金额	税率	税额	
压力锅		只	200	665.00	133,000.00	17%	22,610.00	
合　计					￥133,000.00	17%	￥22,610.00	
价税合计（大写）	⊗ 壹拾伍万伍仟陆佰壹拾元整				（小写）￥155,610.00			
销货单位	名　　　称：浙江苏泊尔炊具公司				备注			
	纳税人识别号：450101322381055							
	地址、电话：台州市大件路22号88263355							
	开户行及账号：建设银行台州支行957117456711							

收款人：金山　　　复核：夏雨　　　开票人：张华　　　销货单位：（章）

凭证 45 - 2 - 3

中国工商银行
转账支票存根

支票号码　NO 0415318

科　目
对方科目
签发日期 2011年12月21日
收款人：苏泊尔公司
金额：155,610.00元
用途：支付货款
备注：

单位主管　　会计
复　核　　记账

凭证 45 - 3 - 3

收　货　单

收货部门：批发事业部
供货单位：浙江苏泊尔炊具公司　　　　编号：27504105

2011年　　12月　　21日

商品名称	规格	单位	应收数量	实收数量	单价	金额	
压力锅		件	200		665.00	133,000.00	结算联
合　计						¥133,000.00	

收货人：　王刚

凭证 46 - 1 - 1

社会保险转账凭证（回单）

转账日期：　2011年12月21日

汇款人	全　称	四川天一商贸有限公司	收款人	全　称	成都市社会保险事业基金结算管理中心										
	账号或住址	400086123768		账号或住址	456083123745									
	开户银行	工行文景分理处		开户银行	建行新鸿路支行									
金额	人民币	大写：伍万叁仟零壹元整				千	百	十	万	千	百	十	元	角	分
								¥	5	3	0	0	1	0	0
	摘要	收2011年12月保险费		（征收额与核定单不一致的，以托收单为准）											
备注	养老保险	38,052.00													
	医疗保险	10,872.00													
	失业保险	4,077.00													
	合计	53,001.00													

打印日期：2011年12月21日

凭证 47 - 1 - 1

中国工商银行

转账支票存根

支票号码　NO 0415319

科　　目

对方科目

签发日期 2011年12月22日

| 收款人：盐市口分店 |
| 金额：100,000.00元 |
| 用途：经营费 |
| 备注： |

单位主管　　会计

复　核　　记账

凭证 48 - 1 - 2

平安财产保险有限公司保险业专用发票

编号：003432541

开票日期：2011年12月22日

付　款　人：四川天一商贸有限公司	期　　限：1年
承保险种：财产保险	
保险单号：23923885757562	批单号：
保险费金额人民币（大写）：壹万贰仟元整	小　写：￥12,000.00
附注：	

经手人：李米　　　复核：孙鹭　　　　　　　　　保险公司签章：

第二联：发票联

凭证 48 - 2 - 2

中国工商银行

转账支票存根

支票号码　NO 0415320

科　　目

对方科目

签发日期 2011年12月22日

| 收款人：保险公司 |
| 金额：12,000.00元 |
| 用途：保险费 |
| 备注： |

单位主管　　会计

复　核　　记账

凭证 49 - 1 - 1

偿还贷款凭证（第一联）

2011年 12 月 22 日

借款单位名称	四川天一商贸有限公司	贷款账号	420575123708	结算账号	560586123068	
还款金额（大写）	壹拾万元整				百 十 万 千 百 十 元 角 分 ¥ 1 0 0 0 0 0 0 0	偿还贷款收据
贷款种类	借款2011年12月22日年4月21日		原约定还款日期	2011年 12 月 22 日		
上列款项请由本单位账号内偿还到期贷款　此致　转讫			会计分录 收： 付：			
借款单位盖章				复核员　　　　记帐		

（印章：中国工商银行成都市分行　支票专用章　转讫）

凭证 50 - 1 - 2

中国工商银行

现金支票存根

支票号码　NO 10087969

科　　目
对方科目
签发日期 2011年12月22日
收款人：四川天一商贸有限公司
金额：2,000.00元
用途：备用金
备注：

单位主管　　　会计

复　　核　　　记账

凭证 50 - 2 - 2

借　款　单

2011年 12月 22 日

部　　门	业务部门	姓名	张云宇	借款用途	补足备用金
借款金额	人民币（大写）贰仟元整（￥2000.00）				
实际报销金额		节余金额	（现金付讫）	审核意见	同意借款。　　　王欢
		超支金额			
备注				结账日期　　年　月　日	

财务主管　夏薇　　　　　出纳　余静　　　　借款人签章　张云宇

凭证 51 - 1 - 2

收　货　单

收货部门：批发事业部
供货单位：浙江苏泊尔炊具公司　　　　　　　　编号：27504105

2011年　　　12月　　　23日

商品名称	规格	单位	应收数量	实收数量	单价	金额	
压力锅		件	200	200	665.00	133,000.00	入库联
合　计						￥133,000.00	

收货人：王刚

凭证 51 - 2 - 2

代管商品收货单

2011年12月23日

来货单位：浙江苏泊尔公司　　　　编号：00011

商品名称	单位	数量	代管原因
压力锅	只	200	退货

主管：孙倩　保管：王刚　制单：王刚

凭证 52 - 1 - 1

委托代销商品移库单

委字第21号　　　　　　　2011年12月23日　　　　　　付货部门：批发事业部

货号	品名	规格	单位	数量	进价		代销价		手续费	
					单价	金额	单价	金额	比例	金额
	水果		千克	600	25.00	15,000.00	36.00	21,600.00	10%	2,160.00
	合计					￥15,000.00		￥21,600.00		￥2,160.00

批准：张志立　　收货人：王力　　发货人：夏新　　　　　制单：钱进

凭证 53－1－2

四川增值税专用发票　　No　13231512

发票联

开票日期：2011年12月24日

购货单位	名　　　称：四川天一商贸有限公司 纳税人识别号：510101122380052 地址、电话：成都市文景路28号 开户行及账号：工行文景分理处400086123768				密码区	170012-4-275 〈1+46*54* 181321〉〈8182*60*09118 〈4〈3*2702-9〉7*+153〈/0 *09/4〉*〉〉4-3*1/9/〉37			
货物或应税劳务名称		规格型号	单位	数量	单价	金额		税率	税额
电费			千瓦时	7,860	0.65	5,109.00		17%	868.53
合计						￥5,109.00		17%	868.53
价税合计（大写）		⊗ 伍仟玖佰柒拾柒元伍角叁分						￥5,977.53	
销货单位	名　　　称：成都市电力公司 纳税人识别号：902943690956462 地址、电话：成都市人民南路63号 84354375 开户行及账号：工行人民南路支行330086543757				备注				

收款人：夏天　　　复核：林木　　　　　开票人：尹华　　　销货单位：（章）

第三联：发票联　购货方记账凭证

凭证 53－2－2

委托银行收款凭证（付款通知）

委托日期： 2011 年 12 月24日　　　　　　　　　　托收号码：783632

付款人	全　　称	四川天一商贸有限公司	收款人	全　　称	成都市电力公司									
	账号或住址	400086123768		账号或住址	330086543757									
	开户银行	工行文景分理处		开户银行	工行人民南路支行									
委收金额	人民币（大写）	伍仟玖佰柒拾柒元伍角叁分				千	百	十	万	千	百	十	元	角	分
								￥	5	9	7	7	5	3
结算原因	12月份电费		合同号码			附单证张数				1张					
		上述款项已从你单位账户付出													

中国工商银行成都市分行
文景分理处
2011年12月24日

此联是付款人开户银行给付款人的付款通知

凭证 54 - 1 - 4

收　货　单

供货单位：西安柜业　　　　　　　　　　编号：27504106

　　　　　　　2011年　　　12月　　　24日

商品名称	规格	单位	应收数量	实收数量	单价	金额
货柜		只	6	6	500.00	3,000.00
合　　计						￥3,000.00

入库联

收货人：王刚

凭证 54 - 2 - 4

四川增值税专用发票　No 13201312

发票联

开票日期：2011年12月24日

购货单位	名　　称：四川天一商贸有限公司 纳税人识别号：510101122380052 地址、电话：成都市文景路28号 开户行及账号：工行文景分理处400086123768		密码区	略			
货物或应税劳务名称	规格型号	单位	数量	单价	金额	税率	税额
货柜		只	6	500.00	3,000.00	17%	510.00
合计					￥3,000.00	17%	￥510.00
价税合计（大写）	⊗ 叁仟伍佰壹拾元整				（小写）￥3,510.00		
销货单位	名　　称：西安柜业有限公司 纳税人识别号：773245690922321 地址、电话：西安市雁塔路34号 开户行及账号：工行雁塔支行84839292990013		备注				

第三联：发票联　购货方记账凭证

收款人：闵行　　　复核：林果　　　开票人：张春　　　销货单位：（章）

凭证 54 - 3 - 4

铁 路 货 票

提运单号 : 6100987

发站	西安	到站	成都	车种车号			货车标重		承运人/托运人装车			
经由		货物运到期限		铁路蓬布号码								
运价里程		保价金额						现付费用				
托运人名称及地址		西安柜业有限公司					费别	金额	费别	金额		
收货人名称及地址		四川天一商贸有限公司					运费	300.00	装卸费			
货物名称		品名代码	件数	货物质量	计费重量	运价号	运价率	基金		过秤		
货柜			6									
合 计									￥300.00			
集装箱号码												
记事								合计	叁佰元整			

日期：2011年12月24日

凭证 54 - 4 - 4

中国工商银行
转账支票存根

支票号码　NO 0415321

科　　　目
对方科目
签发日期 2011年12月24日
收款人：西安柜业有限公司
金额：3,810.00元
用途：货柜款
备注：

单位主管　　会计
复　　核　　记账

凭证 55 - 1 - 1

领　料　单

供货单位：西安柜业　　　　　　　　　编号：27504106

2011年　　　12月　　　25日

商品名称	规格	单位	应收数量	实收数量	单价	金额	
货柜		只	6	6	500.00	3,000.00	出库联
合　计						￥3,000.00	

收货人：王刚

凭证 56－1－3

成都市国家税务局
企业进货退出及索取折让证明单

NO. 6012

销货单位	全称	浙江苏泊尔炊具公司			
	税务登记号	450101322381055			
进货退出	货物名称	单价	数量	货款	税额
	压力锅	665.00	200	133,000.00	22,610.00

索取折让	货物名称	货款	税额	要求	
				折让金额	折让税额

退货或索取折让理由	挤压变形　单位签章　2011年12月25日	税务征收机关盖章	经办人：同意　2011年12月25日

购货单位	全称	四川天一商贸有限公司
	税务登记号	510101122380052

本证明单一式三联：

第一联：征收机关留存；第二联：交销货单位；第三联：购货单位留存。

第二联：销货单位留存

凭证 56－2－3

代管商品发货单

2011年12月25日

来货单位：浙江苏泊尔公司　　　　　　　　　　　　编号：00011

商品名称	规格	单位	应退数量	实退数量	单价	金额
压力锅		只	200	200	665.00	133,000.00
合计						￥133,000.00

收货人：王刚

凭证 56 - 3 - 3

（红字）　　四川增值税专用发票　　No　323014351

发票联

开票日期：2011年12月25日

购货单位	名　　称：四川天一商贸有限公司 纳税人识别号：510101122380052 地址、电话：成都市文景路28号 开户行及账号：工行文景分理处400086123768	密码区		略		
货物或应税劳务名称	规格型号	单位	数量	单价	金额	税率	税额
压力锅		只	200	665.00	133,000.00	17%	22,610.00
合计					￥133,000.00	17%	￥22,610.00
价税合计（大写）	⊗ 壹拾伍万伍仟陆佰壹拾元整				（小写）￥155,610.00		
销货单位	名　　称：浙江苏泊尔炊具公司 纳税人识别号：450101322381055 地址、电话：台州市大件路22号88263355 开户行及账号：建设银行台州支行95711745671	备注				

第三联：发票联　购货方记账凭证

收款人：金山　　复核：夏　　开票人：张华　　销货单位：（章）

凭证 57 - 1 - 2

中国电信成都分公司

编号：003433101

开票日期：2011年12月25日

客户名称：	四川天一商贸有限公司		
市话月租费：50元		区内通话费：4568次	1,034.00元
国内通话费：156次	420分钟	560.00元	
应付人民币（大写）：壹仟陆佰肆拾肆元整		￥1,644.00	

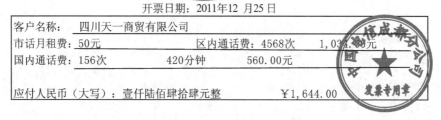

凭证 57 - 2 - 2

委托银行收款凭证（付款通知）

委托日期：2011 年 12 月 25日

<table>
<tr><td rowspan="3">付款人</td><td>全　称</td><td>四川天一商贸有限公司</td><td rowspan="3">收款人</td><td>全　称</td><td>中国电信成都分公司</td><td rowspan="7">此联是付款人开户银行给付款人的付款通知</td></tr>
<tr><td>账号或住址</td><td>400086123768</td><td>账号或住址</td><td>350186533756</td></tr>
<tr><td>开户银行</td><td>工行文景分理处</td><td>开户银行</td><td>工行人民南路支行</td></tr>
<tr><td rowspan="2">委收金</td><td>人民币（大写）</td><td>壹仟陆佰肆拾肆元整</td><td colspan="2" rowspan="2"></td><td>千百十万千百十元角分
￥1 6 4 4 0 0</td></tr>
<tr><td>结算原因</td><td>12月份电信费</td><td>合同号码</td><td>附单证张数</td><td>1张</td></tr>
<tr><td colspan="6">上述款项已从你单位账户付出</td></tr>
</table>

（印章：中国工商银行成都市分行 文景分理处 2011年12月25日 业务专用章）

凭证 58 - 1 - 1

中国工商银行成都市分行文景分理处贷款计付利息清单（付款通知）

单位名称：四川天一商贸有限公司　　　　2011年12月26日

<table>
<tr><td>结算账户号</td><td>400086123768</td><td>计息起讫日</td><td>2011年10月26日-2011年12月26日</td></tr>
<tr><td>计息户账号</td><td>400086123768</td><td>计息总基数</td><td>略</td></tr>
<tr><td>年利率：</td><td>6.00%</td><td>利息金额</td><td>￥1,500.00</td></tr>
<tr><td>摘要：贷款利息</td><td colspan="3"></td></tr>
</table>

（印章：中国工商银行成都市分行 文景分理处 2011年12月26日 业务专用章。上述贷款利息已付出你账。）

凭证 59 - 1 - 1

中国工商银行成都市分行文景分理处存款计付利息清单（收款通知）

单位名称：四川天一商贸有限公司　　　　2011年12月26日

<table>
<tr><td>结算账户号</td><td>400086123768</td><td>计息起讫日</td><td>2011年10月26日-2011年12月26日</td></tr>
<tr><td>计息户账号</td><td>400086123768</td><td>计息总基数</td><td>略</td></tr>
<tr><td>年利率：</td><td>0.76%</td><td>利息金额</td><td>￥1,456.78</td></tr>
<tr><td>摘要：存款利息</td><td colspan="3"></td></tr>
</table>

（印章：中国工商银行成都市分行 文景分理处 2011年12月26日 业务专用章。上述存款利息已存入你账。）

凭证 60 - 1 - 1

收 货 单

收货部门：食品组

供货单位：绵阳可口可乐公司　　　　　　　　编号：17504122

2011年 12月 27日

商品名称	购 进 价 格				零 售 价 格				进销差价
	单位	数量	单价	金额	单位	数量	单价	金额	
雪碧	箱	200	180.00	36,000.00	箱	200	220.00	44,000.00	8,000.00
合　计				￥36,000.00				￥44,000.00	￥8,000.00

入库联

收货人：李慧

凭证 61 - 1 - 1

工商银行进账单（回单）　　1

2011 年 12 月 27 日　　　　　第　　号

出票人	全　　称	成都市新世界商场	票据种类	
	账　　号	755898058023	票据张数	
	开户银行	工商银行人民南路支行	票据号码	

人民币（大写）	人民币：壹拾柒万伍仟伍佰元整	百十万千百十元角分
		￥ 1 7 5 5 0 0 0 0

中国工商银行成都市分行
文景分理处
2011年12月27日
转讫

收款人	全　　称	四川天一商贸有限公司
	账　　号	400086123768
	开户银行	工行文景分理处

备注：

（受票银行盖章）

此联仅作送票依据，不作提货依据；书写时请注意切勿污染第二联磁码打印区域。

此联送票人作送票依据

凭证 62 - 1 - 2

中国工商银行

转账支票存根

支票号码　NO 0415322

科　　目

对方科目

签发日期 2011年12月27日

收款人：成都顺义被服厂
金额：28,080.00元
用途：支付加工费
备注：

单位主管　　会计

复　核　　记账

凭证 62－2－2

凭证 63－1－2

低值易耗品报废申请单

2011年12月28日　　　　　　编号：00121

商品名称	数量	单位成本	总成本	已摊销金额	账面净值	报废原因
货柜	2	500.00	1,000.00	500.00	500.00	毁损
领导审批意见	同意					

会计主管：夏蕊　　　　　　　　　　　　　制单：王梦

凭证 63－2－2

收　料　单

供货单位：西安柜业　　　　　　　　　编号：27504107

2011年　　12月　　28日

商品名称	规格	单位	应收数量	实收数量	单价	金额
货柜		只	2	2	50.00	100.00
合　计						￥100.00

入库联

收货人：王刚

凭证 64 - 1 - 1

中国工商银行成都市分行文景分理处贷款凭证（回单） 3

日期： 2011 年 12 月 28 日

借款人	全 称	四川天一商贸有限公司	收款人	全 称	四川天一商贸有限公司	此联系放款回单代借款人收款通知
	放款账户号	400086123768		往来账户号	400086123768	
	开户银行	工行文景分理处		开户银行	工行文景分理处	

借款期限	3个月	借款计划指标										

借款申请金额	人民币（大写）壹拾伍万元整	千	百	十	万	千	百	十	元	角	分
			¥	1	5	0	0	0	0	0	0

借款原因及用途	充实流动资金	银行核定金额	千	百	十	万	千	百	十	元	角	分
				¥	1	5	0	0	0	0	0	0

期限	计划还款日期及金额		分次还款记录		还款金额	结欠
1						
2						
3						
4						

备注：

上述借款业务已同意贷给并转入你单位往来账户，借款到期时应按期归还。

借款单位（银行盖章）

凭证 65 - 1 - 1

中华人民共和国
印花税票销售凭证

2011年12月29日   编号：478656

购买单位	四川天一商贸有限公司				
		购 买 印 花 税 票			
面值种类	数量	金额	面值种类	数量	金额
伍拾元	4	200.00			
伍元	6	30.00			
			合计	10	230.00

金额（大写）贰佰叁拾元整

销售单位（章）	售票人（章）	备注

凭证 66 - 1 - 1

固定资产报废申请单

2011-12-29   编号015

固定资产名称	数量	原值	已提折旧	账面净值	报废原因
货车	1	85,000.00	70,000.00	15,000.00	无法使用
领导审批意见	同意				

会计主管：夏薇   制单：王梦

凭证 67 - 1 - 2

商品盘点短缺溢余报告单

部门：食品组 2011年12月30日 编号：00221

账存金额	254,383.78	溢余金额	0.00	短缺原因或溢余	待查	记账联
实存金额	254,163.78	短缺金额	220.00			
上月本柜组差价率			18.65%			
溢余商品差价		溢价商品进价				
短缺商品差价	40	短缺商品进价	180.00			
领导批复		部门意见				

审批人： 张力 柜组长： 李林涛 复核： 杨山 制单： 阎玉华

凭证 67 - 2 - 2

商品盘点短缺溢余报告单

部门：家纺组 2011年12月30日 编号：00222

账存金额	457,628.89	溢余金额	0.00	短缺原因或溢余	待查	记账联
实存金额	457,028.89	短缺金额	600.00			
上月本柜组差价率			20.45%			
溢余商品差价		溢价商品进价				
短缺商品差价	100	短缺商品进价	500.00			
领导批复		部门意见				

审批人： 张力 柜组长： 李林涛 复核： 杨山 制单： 阎玉华

凭证 68 - 1 - 3

四川大学华西医院
门诊诊疗费收据

姓名：张琪 No300987

项 目	千	百	十	元	角	分
检查费		6	0	0	0	0
治疗费		8	5	2	0	0
放射费						
手术费						
化验费		2	1	6	0	0
输血费						
输氧费						
观察床费						
西药费		1	2	8	5	0
中成药费						
自费中药						
自费西药						
合计	1	7	9	6	5	0

备注：收据丢失不补，无收讫印章无效，检查费包括心电、脑电、B超、镜检等各种仪器检查。

人民币（大写）：壹仟柒佰玖拾陆元伍角整

凭证 68 - 2 - 3

职工医疗费报销单

部门：采购部　　　　　　　　　　　　　　　　日期：2011年12月30日

姓名	张峰	性别	女	就诊医院
家属姓名	张琪	家属年龄	10岁	川大华西医院
项目	实际金额	个人承担	报销金额	备注
药费	1796.50	50%	898.25	现金付讫
检查费				
治疗费				
其他				
实际报销金额（大写）：捌佰玖拾捌元贰角伍分			￥898.25	

审核：　　　　　　　制表：　　　　　　　　　　　　　　报销人：张峰

凭证 68 - 3 - 3

职工生活困难补助申请单

2011年12月30日

部门	仓库	申请人	刘丽
补助原因	爱人下岗待业在家		
金额	人民币（大写）：捌佰元整		
部门意见	同意　　　　　黎明		2011年12月30日
工会意见	同意　　　　　周欣		2011年12月30日

凭证 69 - 1 - 2

中国工商银行

转账支票存根

支票号码　NO 0415323

科　　目	
对方科目	
签发日期　2011年12月30日	
收款人：宏鑫公司	
金额：10,000.00元	
用途：归还包装物押金	
备注：	

单位主管　　会计

复　核　　记账

凭证 69 - 2 - 2

出借包装物入库单

部门：仓库　　　　　2011年12月30日　　　　　编号：0084

归还包装物单位名称			宏鑫公司	
名称	计量单位	单价	数量	金额
包装箱	只	50.00	200.00	10,000.00
合计金额				￥10,000.00

收料人：　王敏

凭证 70 - 1 - 1

坏 账 损 失 报 告 单

2011年12月30日

应收账款单位名称	致远商场	金额	2,000.00
原　　因	因该商场已破产，应收账款无法收回		
领导审批意见	同意		
			2011.12.30

凭证 71 - 1 - 1

工 资 结 算 汇 总 表

2011年12月31日

部门	标准工资	病事假扣款	应发标准工资	奖金	食品补助	应发合计	非工资性津贴	
							交通补贴	房补
商品经营部门	53,900.00	100.00	53,800.00	25,600.00	1,500.00	81,000.00	2,000.00	350.00
行政管理部门	27,800.00	101.00	27,699.00	25,600.00	1,500.00	54,900.00	380.00	120.00
合计	81,700.00	201.00	81,499.00	51,200.00	3,000.00	135,900.00	2,380.00	470.00

部门	代扣款项							实发合计
	住房公积金	养老保险	医疗保险	失业保险	个人所得税	工会经费	合计	
商品经营部门	4,560.00	4,389.21	1,659.68	785.43	578.50	128.00	12,100.82	71,249.18
行政管理部门	1,040.32	1,243.00	468.67	125.00	104.50	32.00	3,013.49	52,386.51
合计	5,600.32	5,632.21	2,128.35	910.43	683.00	160.00	15,114.31	123,635.69

凭证 72 - 1 - 5

受托代销小票（第2联：记账联）

2011年12月31日

商品名称	蚕丝被
数量	现金收讫
单位售价	
合计金额	102,000.00

收款员：　孙力　　　　　售货员：　武威

凭证 72 - 2 - 5

工商银行现金送款单（回单）　　1

2011 年 12 月 31 日　　　　第　　　号

款项来源	销货款	收款人全称	四川天一商贸有限公司									
解款部门	财务部	收款人账号	40008612376									
人民币（大写）	人民币：　壹拾万零贰仟元整			千	百	十	万	千	百	十	元	角	分
					1	0	2	0	0	0	0	0
面票	张数	票面	张数	种类	百	十	元	角	分			
备注：												

中国工商银行文景分理处
文景分理处
2011年12月31日
现金收讫

（受票银行盖章）

凭证 72 - 3 - 5

代销商品销售清单

2011年12月31日　　　　　　　　字第078号

受托方：四川天一商贸有限公司			委托方：成都市顺义被服厂				代销合同号：0131		
货号	品名	规格	单位	数量		代销价		增值税	手续费
				来货	已销	单价	金额		比例	金额
	蚕丝被		套	100	100	850.00	85,000.00	14,450.00		

收货人：　文威　　　　　经办人：　撒画　　　　　制单：　何玲

凭证 72 - 4 - 5

四川增值税专用发票　　No 75013518

四川
国家税务总局监制

发票联

开票日期：2011年12月31日

购货单位	名　　称：四川天一商贸有限公司	密码区	略
	纳税人识别号：510101122380052		
	地址、电话：成都市文景路28号		
	开户行及账号：工行文景分理处40008612376		

货物或应税劳务名称	规格型号	单位	数量	单价	金额	税率	税额
蚕丝被		套	100	850.00	85,000.00	17%	14,450.00
合计					￥85,000.00	17%	￥14,450.00
价税合计（大写）	⊗ 玖万玖仟肆佰伍拾元整				（小写）￥99,450.00		

销货单位	名　　称：成都市顺义被服厂	备注	成都市顺义被服厂 发票专用章
	纳税人识别号：235948085140257 9		
	地址、电话：成都市龙江路40号8975511		
	开户行及账号：工商银行龙江支行5858780		

收款人：张之民　　　复核：　　　开票人：刘威　　　销货单位：（章）

第三联：发票联　购货方记账凭证

凭证 72 - 5 - 5

中国工商银行
转账支票存根

支票号码 NO 0415324

科 目	
对方科目	
签发日期 2011年12月31日	

| 收款人：成都顺义被服厂 |
| 金额：99,450.00元 |
| 用途：代销货款 |
| 备注： |

单位主管　　会计
复　核　　记账

凭证 73 - 1 - 3

固定资产清理结果报告单

2011年12月31日　　　　　　　　　　编号：0021

固定资产名称	数量	原值	已提折旧	账面净值	变价收入	清理费用	清理结果
货车	1	85,000.00	70,000.00	15,000.00			
领导审批意见	同意						

会计主管：夏慧　　　　　　　　　　　　　　　　　制单：王梦

凭证 73 - 2 - 3

工商银行进账单（回单）　　1

2011 年 12 月 31日　　　　　第　　　号

出票人	全　称	成都岷江物资回收公司	票据种类		此联送票人作送票依据
	账　号	422796131701	票据张数		
	开户银行	工行岷江分理处			
人民币（大写）	人民币：玖仟伍佰元整		千百十万千百十元角分 ¥ 9 5 0 0 0 0		
收款人（持票人）	全　称	四川天一商贸有限公司			
	账　号	400086123768			
	开户银行	工行文景分理处			
备注：			（受票银行盖章）		

此联仅作送票依据，不作提货依据；书写时请注意切勿污染第二联磁码打印区域。

凭证 73－3－3

中国工商银行
转账支票存根

支票号码 NO 0415325

科 目	
对方科目	

签发日期 2011年12月31日

收款人：成都成大公司
金额：1,000.00元
用途：清理费
备注：

单位主管　　会计
复　　核　　记账

凭证 74－1－2

商品盘点短缺溢余报告单

部门：食品组　　　　　　　2011年12月31日　　　　　　　　编号：00221

账存金额	254,383.78	溢余金额	0.00	短缺原因或溢余	售货员李情责任	核销联
实存金额	254,163.78	短缺金额	220.00			
上月本柜组差价率			18.65%			
溢余商品差价		溢价商品进价				
短缺商品差价	40	短缺商品进价	180.00			
领导批复	按规定由责任人赔偿	部门意见	由责任人赔偿			

审批人：　张力　　　　柜组长：　李林海　　复核：　杨山　　制单：　周玉华

凭证 74－2－2

商品盘点短缺溢余报告单

部门：家纺组　　　　　　　2011年12月31日　　　　　　　　编号：00222

账存金额	457,628.89	溢余金额	0.00	短缺原因或溢余	销货发错商品	核销联
实存金额	457,028.89	短缺金额	600.00			
上月本柜组差价率			20.45%			
溢余商品差价		溢价商品进价				
短缺商品差价	100	短缺商品进价	500.00			
领导批复	同意做企业损失	部门意见	要求做企业损失处理			

审批人：　张力　　　　柜组长：　李林海　　复核：　杨山　　制单：　周玉华

凭证 75 - 1 - 1

费用摊销计算表

2011年12月31日

摊销项目	费用总额	抵销月数	本期摊销额
财产保险费	12,000.00	12	1,000.00
修理费	18,000.00	12	1,500.00
报纸杂志费	3,600.00	12	300.00
合计			2,800.00

凭证 76 - 1 - 1

委托加工商品成品回收单

委托方	四川天一商贸有限公司	受托方		成都顺义被服厂		
委托日期	2011年12月20日	回收日期		2011年12月31日		
成品名称	床上四件套（新式）					
原材料	单位	数量	单价	金额	加工费	增值税
床上四件套	套	240	500.00	120,000.00	24,000.00	4,080.00
合计金额（大写）壹拾肆万捌仟零捌拾元整					￥148,080.00	
合格成品数		240		废品数		

委托方经手人：钱方明   受托方经手人 张有利

凭证 77 - 1 - 2

四川省餐饮业专用发票

2011年12月 月 31 日   001232531

客户名称：四川天一商贸有限公司

摘 要	金 额								报销凭证
	千	百	十	万	千	百	十	元 分	
业务招待费					￥	3	0	0 0	
合计人民币（大写）叁仟元整									
备注									

会计：张志 收款人：刘文海 经手人：周力敏   收款单位（财务公章）

凭证 77 - 2 - 2

中国工商银行

转账支票存根

支票号码　NO 0415326

科　　目
对方科目
签发日期 2011年12月31日
收款人：成都红杏餐饮有限公司
金额：3,000.00元
用途：招待费
备注：

单位主管　　会计

复　核　　记账

凭证 78 - 1 - 1

商品削价报告单

部门：食品组　　　　　　　2011年12月31日

商品名称	规格	数量	原售价		现售价（不含税）		变动金额
			单价	金额	单价	金额	
汇源果汁	箱	50	150.00	7,500.00	135.00	6,750.00	750.00
合计				7,500.00		6,750.00	750.00

主管：　阎利　　　　复核：　张群　　　　制单：　吴芳芳

凭证 79 - 1 - 1

债 券 利 息 计 算 表

2011年12月31日

项目	本金	年利率	期限	年利息
国库券	200,000.00	5.50%	3年	11,000.00
合计				￥11,000.00

复核：　王琳　　　　　　　　制单：　王梦

凭证 80 - 1 - 1

固定资产折旧计算表

2011年12月31日

固定资产类别	固定资产原值	预计使用寿命（年）	净残值率	月折旧额
房屋及建筑物	3,400,000.00			
其中：营业厅	1,500,000.00	40	3%	
办公室	900,000.00	35	4%	
仓库	1,000,000.00	30	4%	
营业设备	205,000.00	10	4%	
运输装卸设备	600,000.00	8	5%	
管理用办公设备	95,000.00	8	4%	
合计	4,300,000.00			

凭证 81 - 1 - 1

中国工商银行成都市分行文景分理处（收据）

2011年12月31日

缴款人名称			四川天一商贸有限公司							账号		400086123768	
收费名称	数量	单价	金额							备注			
			十万	千	百	十	元	角	分				
银行汇票手续费	4	5.00			2	0	0	0	0	款项已从你单位账户转讫。银行盖章：			
电汇手续费	5	12.00			6	0	0	0	0				
托收承付手续费	2	18.00			3	6	0	0	0				
委托收款手续费	2	13.00			2	6	0	0	0				
合计				¥	1	4	2	0	0				
人民币（大写）壹佰肆拾贰元整													

此联由银行盖章后交客户

凭证 82－1－2

成都市企业单位统一收据
记账联

客户名称：四川天一商贸有限公司　　　　　　　2011年12月003432511

摘　　　　　要	金　　　　　　额	备　注
	千 百 十 万 千 百 十 元 角 分	
合同违约赔偿金	￥ 5 0 0 0 0 0	

合计人民币（大写）伍仟元整

　会计：张志　　收款人：刘文海　　经手人：周力敏　　收款单位（财务公章）

凭证 82－2－2

工商银行业务委托书（收账通知）　　4

日期：2011 年 12 月31 日

业务类型	☑ 电汇	□汇票委托书	□本票委托书	□其他	
汇款人	全　　称	绵阳真滋味食品公司	收款人	全　　称	四川天一商贸有限公司
	账号或住址	85011782		账号或住址	400086123768
	开户银行	建设银行九州支行		开户银行	工行文景分理处

人民币（大写）	伍仟元整		千 百 十 万 千 百 十 元 角 分
			￥ 5 0 0 0 0 0

用途	违约赔偿金	支付密码	
备注：		上列款项已划入你方账户内。	
	银行签章	收款人开户银行签章	

第一联：回单联

凭证 83－1－1

工商银行进账单（回单）　　　1

2011 年 12 月31日　　　　　第　　　号

出票人	全　　称	四川天一商贸有限公司盐市口分店	票据种类		
	账　　号	432586149718	票据张数		
	开户银行	工行盐市口分理处			
人民币（大写）	人民币：叁万元整		千 百 十 万 千 百 十 元 角 分	￥ 3 0 0 0 0 0 0	
收款人（持票人）	全　　称	四川天一商贸有限公司			
	账　　号	400086123768	转讫		
	开户银行	工行文景分理处			
备注：			（受票银行盖章）		

此联送票人作送票依据

此联仅作送票依据，不作提货依据；书写时请注意切勿污染第二联磁码打印区域。

凭证 84 - 1 - 5

商品销售收入缴款单

缴款部门：食品组　　　　2011年12月31日

货款种类	张数	金额	货款种类	张数	金额
现金			银行卡签购单	25	33,290.00
其中：			转账支票	5	26,700.00
票面100元	730	73,000.00	银行本票		
票面50元	320	16,000.00			
票面20元	40	800.00			
票面10元	72	720.00			
票面5元	130	650.00			
票面2元	0	0.00			
票面1元	1408	1,408.00			
角票、分币					

缴款金额人民币（大写）：壹拾伍万贰仟伍佰陆拾捌元整　　￥152,568.00

缴款人：　辛佳　　　　　　　　　收款人：　曲蕾

凭证 84 - 2 - 5

商品销售收入缴款单

缴款部门：家纺组　　　　2011年12月31日

货款种类	张数	金额	货款种类	张数	金额
现金			银行卡签购单	27	125,780.00
其中：			转账支票	3	32,000.00
票面100元	1,390.00	139,000.00	银行本票		
票面50元	946.00	47,300.00			
票面20元	500.00	10,000.00			
票面10元	998.00	9,980.00			
票面5元	400.00	2,000.00			
票面2元	0.00	0.00			
票面1元	150.00	150.00			
角票、分币					

缴款金额人民币（大写）：叁拾陆万陆仟贰佰壹拾元整　　￥366,210.00

缴款人：　朴金利　　　　　　　　收款人：　曲蕾

凭证 84－3－5

工商银行进账单（回单）　　1

2011 年 12 月31日　　　　　　　第　　　号

出　票　人	全　　称	绵阳五洲商场	票据种类										
	账　　号	400045123319	票据张数										
	开户银行	工行道里分理处	票据号码										
人民币（大写）	人民币：	伍万捌仟柒佰元整		千	百	十	万	千	百	十	元	角	分
				¥		5	8	7	0	0	0	0	0
收款人（持票人）	全　　称	四川天一商贸有限公司											
	账　　号	400086123768											
	开户银行	工行文景分理处											
备注：													

此联送票人作送票依据

（受票银行盖章）

此联仅作送票依据，不作提货依据；书写时请注意切勿污染第二联磁码打印区域。

凭证 84－4－5

工商银行现金送款单（回单）　　1

2011 年 12 月31日　　　　　　　第　　　号

款项来源	销货款	收款人全称	四川天一商贸有限公司
解款部门	财务部	收款人账号	400086123768

人民币（大写）	人民币：	叁拾万零壹仟零捌元整	百	十	万	千	百	十	元	角	分
			¥	3	0	1	0	0	8	0	0

面票	张数	票面	张数	种类	百	十	元	角	分
备注：									

此联送票人作送票依据

（受票银行盖章）

凭证 84－5－5

中国工商银行银联卡
汇计单

特约单位名称：

四川天一商贸有限公司

特约单位编号：＿＿＿＿＿＿＿＿＿

编　　号：　23959021

日　　期：　2011年12月31日

签购单总份数：　52

总　　金　额：　59,070.00

手续费9‰：　1,431.63

净　计：　157,638.37

后退费收据

第一联：银行盖章　特约单位作交

注：银行卡签购单略

注：银行卡签购单略

凭证 85 - 1 - 2

产品销售成本汇总计算表

年　　　月　　　日

部门：批发事业部　　　　　　　　　　　　单位：元

产品名称	销售数量	单位成本	总成本
合　计			

复核：　　　　　　　　　　　制单：

凭证 85 - 2 - 2

产品销售成本汇总计算表

年　　　月　　　日

单位：元

部门	期初结存数量	本期收入商品数量	本期非销售发出商品数量	本期商品结存数量	本期商品销售成本
食品组					
家纺组					
合　计					

复核：　　　　　　　　　　　制单：

凭证 86 - 1 - 1

已 销 商 品 进 销 差 价 计 算 表

年　　　月　　　日

营业柜组	期末库存商品账户余额	期末受托代销商品账户余额	主营业务收入贷方发生额	本期存销商品合计	结转前商品进销差价账户余额	差价率（％）	已销商品进销差价	期末商品进销差价
合计								

复核：　　　　　　　　　　　　　　　　　　　　　　　制单：

凭证 87 - 1 - 1

无形资产摊销表

2011年12月31日

无形资产名称	本月摊销	未摊销额
商标权	5,000.00	295,000.00
土地使用权	3,500.00	496,500.00
合计	8,500.00	791,500.00

制单：　　　　　　　　审批：

凭证 88 - 1 - 1

坏账准备计算表

2011年12月31日

应收账款金额	计提比例	计提坏账准备

制单：　　　　　　　　审批：

凭证 89 - 1 - 1

固定资产减值准备计算表

2011年12月31日

账面余额	可回收余额	固定资产跌价准备额

制单：　　　　　　　　审批：

凭证 90 - 1 - 3

增 值 税 纳 税 申 报 表

（适用于增值税一般纳税人）

根据《中华人民共和国增值税暂行条例》第二十二条和第二十三条的规定制定本表。纳税人不论有无销售额，均应按主管税务机关核定的纳税期限按期填报本表，并于次月一日起十日内，向当地税务机关申报。

税款所属时间：自　年　月　日至　年　月　日　　　　　填表日期：　年　月　日　　　　　金额单位：元至角分

纳税人识别号					所属行业：			

纳税人名称		（公章）	法定代表人姓名		注册地址		营业地址	

开户银行及帐号			企业登记注册类型				电话号码	

	项　目	栏次	一般货物及劳务		即征即退货物及劳务	
			本月数	本年累计	本月数	本年累计
销售额	（一）按适用税率征税货物及劳务销售额	1				
	其中：应税货物销售额	2				
	应税劳务销售额	3				
	纳税检查调整的销售额	4				
	（二）按简易征收办法征税货物销售额	5				
	其中：纳税检查调整的销售额	6				
	（三）免、抵、退办法出口货物销售额	7			——	——
	（四）免税货物及劳务销售额	8			——	——
	其中：免税货物销售额	9			——	——
	免税劳务销售额	10			——	——
税款计算	销项税额	11				
	进项税额	12				
	上期留抵税额	13			——	——
	进项税额转出	14				
	免抵退货物应退税额	15				
	按适用税率计算的纳税检查应补缴税额	16				
	应抵扣税额合计	17=12+13-14-15+16	－	－	－	－
	实际抵扣税额	18（如17＜11，则为17，否则为11）				
	应纳税额	19=11-18	－	－	－	－
	期末留抵税额	20=17-18	－	－	－	－
	简易征收办法计算的应纳税额	21				
	按简易征收办法计算的纳税检查应补缴税额	22				
	应纳税额减征额	23				
	应纳税额合计	24=19+21-23	－	－	－	－
税款缴纳	期初未缴税额（多缴为负数）	25				
	实收出口开具专用缴款书退税额	26				
	本期已缴税额	27=28+29+30+31				
	①分次预缴税额	28				
	②出口开具专用缴款书预缴税额	29			——	——
	③本期缴纳上期应纳税额	30				
	④本期缴纳欠缴税额	31				
	期末未缴税额（多缴为负数）	32=24+25+26-27	－	－	－	－
	其中：欠缴税额（≥0）	33=25+26-27				
	本期应补(退)税额	34=24-28-29				
	即征即退实际退税额	35	——			
	期初未缴查补税额	36				
	本期入库查补税额	37				
	期末未缴查补税额	38=16+22+36-37	－	－	－	－

授权声明	如果你已委托代理人申报，请填写下列资料： 　　为代理一切税务事宜，现授权 （地址）　　　　　　　　为本纳税人的代理申报人，任何与本申报表有关的往来文件，都可寄予此人。 　　　　　　　　　　　　授权人签字：	申报人声明	此纳税申报表是根据《中华人民共和国增值税暂行条例》的规定填报的，我相信它是真实的、可靠的、完整的。 　　　　　　　　　　声明人签字：

以下由税务机关填写：

收到日期：　　　　　　　　　　　　　　接收人：　　　　　　　　主管税务机关盖章：

增值税纳税申报表附列资料（表一）

（本期销售情况明细）

税款所属时间： 年 月 日

纳税人名称：（公章）　　　　填表日期： 年 月 日　　　　金额单位：元至角分

一、按适用税率征收增值税货物及劳务的销售额和销项税额明细

项目	栏次	应税货物 17%税率			应税货物 13%税率			应税劳务			小计		
		份数	销售额	销项税额	份数	销售额	销项税额	份数	销售额	销项税额	份数	销售额	销项税额
防伪税控系统开具的增值税专用发票	1												
非防伪税控系统开具的增值税专用发票	2												
开具普通发票	3												
未开具发票	4	—			—			—			—		
小计	5=1+2+3+4	—		-	—		-	—		-	—		-
纳税检查调整	6	—		-	—		-	—		-	—		-
合计	7=5+6	—		-	—		-	—		-	—		-

二、简易征收办法征收增值税货物的销售额和应纳税额明细

项目	栏次	6%征收率			4%征收率			小计		
		份数	销售额	应纳税额	份数	销售额	应纳税额	份数	销售额	应纳税额
防伪税控系统开具的增值税专用发票	8									
非防伪税控系统开具的增值税专用发票	9									
开具普通发票	10									
未开具发票	11	—			—			—		
小计	12=8+9+10+11	—		-	—		-	—		-
纳税检查调整	13	—			—			—		
合计	14=12+13	—		-	—		-	—		-

三、免征增值税货物及劳务销售额明细

项目	栏次	免税货物			免税劳务			小计	
		份数	销售额	税额	份数	销售额	税额	销售额	税额
防伪税控系统开具的增值税专用发票	15								
开具普通发票	16								
未开具发票	17	—			—			—		
合计	18=15+16+17							-	

凭证 90 - 3 - 3

增值税纳税申报表附列资料（表二）

（本期进项税额明细）

税款所属时间：　　　年　　月

纳税人名称：（公章）　　　　　　　　　　　填表日期：　年　月　　　金额单位：元至角分

一、　申报抵扣的进项税额				
项目	栏次	份数	金额	税额
（一）认证相符的防伪税控增值税专用发票	1			
其中：本期认证相符且本期申报抵扣	2			
前期认证相符本期申报抵扣	3			
（二）非防伪税控增值税专用发票及其他扣税凭证	4			
其中：17%税率	5			
13%税率或扣除率	6			
10%扣除率	7			
7%扣除率	8			
6%征收率	9			
4%征收率	10			
（三）期初已征税款	11	——	——	
当期申报抵扣进项税额合计	12			

二、　进项税额转出额		
项目	栏次	税额
本期进项税转出额	13	
其中：免税货物用	14	
非应税项目用	15	
非正常损失	16	
按简易征收办法征税货物用	17	
免抵退税办法出口货物不得抵扣进项税额	18	
纳税检查调减进项税额	19	
未经认证已抵扣的进项税额	20	
	21	

三、　待抵扣进项税额				
项目	栏次	份数	金额	税额
（一）认证相符的防伪税控增值税专用发票	22	——	——	——
期初已认证相符但未申报抵扣	23			
本期认证相符且本期未申报抵扣	24			
期末已认证相符但未申报抵扣	25			
其中：按照税法规定不允许抵扣	26			
（二）非防伪税控增值税专用发票及其他扣税凭证	27			
其中：17%税率	28			
13%税率及扣除率	29			
10%扣除率	30			
7%扣除率	31			
6%征收率	32			
4%征收率	33			
	34			

四、　其他				
项目	栏次	份数	金额	税额
本期认证相符的全部防伪税控增值税专用发票	35			
期初已征税款挂帐额	36	——	——	
期初已征税款余额	37	——	——	
代扣代缴税额	38	——	——	

凭证 91 - 1 - 2

应 交 税 费 计 算 表

单位名称：　　　　　　　　　　2011年12月31日　　　　　　　　单位：元

税种、税目	计税依据		适用税率	应交税金	备注
	项目	金额			
城市维护建设税	应交增值税		7.00%		
教育费附加	应交增值税		3.00%		
合计					

会计主管：　　　　复核：　　　　　　　　记账：　　　　制单

凭证 93 - 1 - 2

所 得 税 计 算 表

　　　　　　　　　　年　　　月　　　日

税前会计利润	余额
加：时间性差异	
应纳所得税	
所得税税率	
本期应交所得税	
本期所得税费用	

制表：　　　　　　审批：

凭证 94 - 1 - 1

利 润 分 配 计 算 表

单位名称：　　　　　　年　　　月　　　日　　　　　　金额单位：元

净利润			可供分配的利润		
分配项目	分配率	年应分配额	已分配额	应补分配额	
提取法定盈余公积					
提取任意盈余公积					
应付利润					
合计					

会计主管：　　　　复核：　　　　　　　　　　　制表：

凭证 95 - 1 - 1

本年利润及利润分配有关明细账户转销

单位名称：　　　　　　年　　　月　　　日　　　　　　金额单位：元

总账账户	明细账户	余　　额	
		借方	贷方
本年利润			
利润分配	未分配利润		
	应付利润		
	提取法定盈余公积		
	提取任意盈余公积		
合计			

会计主管：　　　　复核：　　　　　　　制表：

凭证 91-2-2

城市维护建设税、教育费附加年终结算申报表

税款所属期限：		填报日期：　年　月　日		计算单位：元（列至角分）

纳税人全称（盖章）		营业地址：	经济类型：	电话号码：	办税员证号：	邮政编码：	纳税人类别：
纳税人统一代码	企业编码	开户银行：	银行账号：			纳税编码：	

	项目	行数	累计数		项目	行数	累计数
增值税计算	销售（营业）额	1			销售数量	1	
	税率（征收率）	2			销售额	2	
	销项税额	3			视同销售数量	3	
	进项税额	4			视同销售金额	4	
	上期留抵税额	5			计税金额（或数量）	5=1+3 或 5=2+4	
	实际抵扣税额	6		消费税计算	税率%或单位税额	6	
	应纳税额	7=3-6 或 7=1×2			准予扣除税额	7	
	代扣代缴税额	8			已纳税额	8=5×6-7	
	应纳税额合计	9=7+8			应纳税额	9	
	已缴纳税款	10			应补（退）税额	10=8-9	
	应补（退）税额	11=9-10			截止上期累计欠税额	11	
	留抵税额	12=4+5-6			本期已清理欠税	12	
	截止上期累计欠税款	13					
	本期已清理欠税	14					

税（费）种	实缴增值税与消费税小计①	税（费）率②	应纳税（费）额③=①×②	已缴税额④	减免税额⑤	应补（退）税（费）额⑥=③-④-⑤	应补缴纳税（费）额⑦	实际补退税（费）额⑧=⑥-⑦
城市维护建设税								
教育费附加								

税务机关填写：
受理申报日期：　年　月　日　　受理人签名：
批准延期缴纳税（费）额⑦
录入日期：　年　月　日　　录入员签名：

授权人声明：我授权___（公司）、个人申报的各种税（费）款真实、准确，如有虚假内容，愿承担法律责任。
法人代表（业主）签名：
　年　月　日

代理人声明：我授权___（公司）为本纳税人的代理申报
人，其与申报有关的任何文件，都可寄此代理机构。　电话
委托代理合同号码：
授权人（法人代表）签名：业主签名：
　年　月　日

纳税人声明：本纳税申报表是按照国家税法和税务机关规定填报，我确信其真实、合法。
代理人（法人代表）签名：
经办人签名：
（代理人盖章）
　年　月　日

填表说明：本表适用于缴纳城市维护建设税、教育费附加的纳税人年终结算时间由主管税收机关确定。消费税结算日常实际应缴增值税。
本表一式三联，第一联为申报联，经税收机关经审核后退回，纳税人留存，作为补征或退税凭证；第二联记账联，留税务机关计财部门，作为税收会计征原始凭证。第三联记账联，由征收机关作为入户管资料留存。

备注

企业（业主）财务负责人或税务代理主管签名：
企业（业主）会计主管或税务代理主管签名：
填报人签名：

注：本表格式为A3横式。

凭证 93－2－2

企业所得税年度纳税申报表

税款所属期间：　　年　月　日至　年　月　日　　　　　　　　　金额单位：元(列至角分)

纳税人识别号：

地税计算机代码					主管税务机关		
纳税人名称					联系电话		
生产经营地址							

	行次	项　　　　　目	金　　额
收入总额	1	销售(营业)收入(请填附表一)	
	2	投资收益（请填附表三）	
	3	投资转让净收入（请填附表三）	
	4	补贴收入	
	5	其他收入(请填附表一)	
	6	收入总额合计(1+2+3+4+5)	
扣除项目	7	销售(营业)成本(请填附表二)	
	8	主营业务税金及附加	
	9	期间费用(请填附表二)	
	10	投资转让成本（请填附表三）	
	11	其他扣除项目（请填附表二）	
	12	扣除项目合计(7+8+9+10+11)	
应纳税所得额的计算	13	纳税调整前所得(6－12)	
	14	加：纳税调整增加额（请填附表四）	
	15	减：纳税调整减少额（请填附表五）	
	16	纳税调整后所得(13+14－15)	
	17	减：弥补以前年度亏损（填附表六）（17≤16）	
	18	减：免税所得（请填附表七）（18≤16－17）	
	19	加：应补税投资收益已缴所得税额	
	20	减：允许扣除的公益救济性捐赠额（请填附表八）（20≤16－17－18+19）	
	21	减：加计扣除额（21≤16－17－18+19－20）	
	22	应纳税所得额（16－17－18+19－20－21）	
应纳所得税额的计算	23	适用税率	
	24	境内所得应纳所得税额（22×23）	
	25	减：境内投资所得抵免税额	
	26	加：境外所得应纳所得税额（请填附表十）	
	27	减：境外所得抵免税额(请填附表十)	
	28	境内、外所得应纳所得税额（24－25+26－27）	
	29	减：减免所得税额（请填附表七）（29≤28）	
	30	实际应纳所得税额（28－29）	
	31	汇总纳税成员企业就地预缴比例	
	32	汇总纳税成员企业就地应预缴的所得税额(30×31)	
	33	减：本期累计实际已预缴的所得税额	
	34	本期应补(退)的所得税额	
	35	附：上年应缴未缴本年入库所得税额	

　　纳税人声明：此纳税申报表是根据《中华人民共和国企业所得税暂行条例》及其实施细则和国家有关税收规定填报的，是真实的、完整的。

　　法定代表人（签字）：　　　　　　年　月　日

纳税人公章： 经办人： 申报日期：　　年　月　日	代理申报中介机构公章： 经办人执业证件号码： 代理申报日期：　　年　月　日	主管税务机关受理专用章： 受理人： 受理日期：　　年　月　日

资 产 负 债 表

编制单位：　　　　　　　　　　　年　月　日　　　　　　　　　　　单位：元

资　产	期末余额	年初余额	负债和所有者权益(或股东权益)	期末余额	年初余额
流动资产：			流动负债：		
货币资金			短期借款		
交易性金融资产			交易性金融负债		
应收票据			应付票据		
应收账款			应付账款		
预付款项			预收款项		
应收利息			应付职工薪酬		
应收股利			应交税费		
其他应收款			应付利息		
存货			应付股利		
一年内到期的非流动资产			其他应付款		
其他流动资产			一年内到期的非流动负债		
流动资产合计			其他流动负债		
非流动资产：			流动负债合计		
可供出售金融资产			非流动负债：		
持有至到期投资			长期借款		
长期应收款			应付债券		
长期股权投资			长期应付款		
投资性房地产			专项应付款		
固定资产			预计负债		
在建工程			递延所得税负债		
工程物资			其他非流动负债		
固定资产清理			非流动负债合计		
生产性生物资产			负债合计		
油气资产			所有者权益（或股东权益）：		
无形资产			实收资本（或股本）		
研发支出			资本公积		
商誉			减：库存股		
长期待摊费用			盈余公积		
递延所得税资产			未分配利润		
其他非流动资产			所有者权益(或股东权益)合计		
非流动资产合计					
资产总计			负债和所有者权益（或股东权益)总计		

利　润　表

会企 02 表

编制单位：　　　　　　　　　　　　　　年　月　　　　　　　　　　　　　　单位：元

项　目	本期金额	上期金额
一、营业收入		
减：营业成本		
营业税金及附加		
销售费用		
管理费用		
财务费用		
资产减值损失		
加：公允价值变动收益（损失以"－"号填列）		
投资收益（损失以"－"号填列）		
其中：对联营企业和合营企业的投资收益		
二、营业利润（亏损以"－"号填列）		
加：营业外收入		
减：营业外支出		
其中：非流动资产处置损失		
三、利润总额（亏损总额以"－"号填列）		
减：所得税费用		
四、净利润（净亏损以"－"号填列）		
五、每股收益：		
（一）基本每股收益		
（二）稀释每股收益		

四、实训要求

(一) 建账

根据"三、实训资料"中"（一）实训企业建账资料"，建立总账、明细分类账、现金日记账和银行存款日记账。

1. 建立总账

根据四川天一商贸有限公司 2011 年总账及有关明细账账户余额和 2011 年损益类账户余额开设总分类账户，将余额登入各总分类账户的余额栏内，摘要栏写"期初余额"。

2. 建立明细分类账

根据四川天一商贸有限公司 2011 年总账及有关明细账账户余额和 2011 年损益类账户余额开设明细分类账户，将余额登入各明细分类账户的余额栏内，摘要栏写"期初余额"。

3. 建立现金日记账和银行存款日记账

根据四川天一商贸有限公司 2011 年总账及有关明细账账户余额和 2011 年损益类账户余额开设现金日记账和银行存款日记账，将余额登入现金日记账和银行存款日记账的余额栏内，摘要栏写"期初余额"。

4. 根据经济业务的发生的实际情况，增设必要的账户。

(二) 审核原始凭证

1. 剪辑整理原始凭证

将"三、实训资料"中"（二）2011 年 12 月份发生的经济业务"的原始凭证剪下并按顺序整理备用。

2. 审核原始凭证

审核四川天一商贸有限公司 2011 年 12 月份发生的经济业务的原始凭证，确认正确无误有效，如有错误予以改正，并指明改正的途径与方式。

(三) 编制记账凭证

根据审核合格的原始凭证，在记账凭证上作会计分录，完成记账凭证编制。记账凭证可选用专用记账凭证，也可选用通用记账凭证。

(四) 登账

1. 登记现金日记账和银行存款日记账

根据记账凭证登记现金日记账和银行存款日记账，现金日记账和银行存款日记账要求日清月结。

2. 登记明细分类账

根据记账凭证登记各明细分类账，要求在适当的时候特别是登记完毕时编制发生额试算平衡表，以检查记账凭证编制和登账错误。

3. 登记总分类账

根据记账凭证编制科目汇总表，根据科目汇总表登记总分类账。要求在适当的时候特别是登记完毕时编制发生额试算平衡表，以检查记账凭证和科目汇总表编制及登账错误。

4. 错账纠正

发现错账，应根据具体情况，分别采用划线更正法、红字更正法、补充登记法予以纠正，严禁刮、擦、挖和涂改。

（五）对账

将现金日记账、银行存款日记账和明细分类账与总分类账进行核对，确保账账相符。

（六）结账

对应结转的会计账户进行月终结账。结账完毕编制余额试算平衡表，以检查错误。

（七）编制会计报表

1. 编制四川天一商贸有限公司资产负债表

根据总账和明细分类账中有关资料，编制四川天一商贸有限公司资产负债表。

2. 编制四川天一商贸有限公司利润表

根据总账和明细分类账中有关资料，编制四川天一商贸有限公司利润表。

（八）分析会计报表

根据会计报表提供的资料和其他有关资料，采用比率分析法对四川天一商贸有限公司的偿债能力、营运能力、盈利能力进行简要分析，并完成四川天一商贸有限公司财务分析报告。

（九）会计档案的装订加工

将四川天一商贸有限公司的会计凭证、账簿和财务报表加具封面，装订成册，归档保管。

商贸企业会计
实　训　报　告

实训班级：　　　　　　学号：　　　　　　姓名：

自评成绩：　　　　小组互评成绩：　　　　师评成绩：

日期：

一、实训目的与要求

二、实训设备与材料

三、实训内容简述（实训原理、操作步骤、原始记录与结果等）

四、实训体会（分析自己的实训结果；针对发现的问题提出解决方案；针对实训
内容提出建议；制订自己下一步的专业学习计划等）

图书在版编目(CIP)数据

商贸企业会计实训/许仁忠,杨洋主编. —成都:西南财经大学出版社,2012.8(2016.7 重印)

ISBN 978 - 7 - 5504 - 0714 - 5

Ⅰ.①商… Ⅱ.①许…②杨… Ⅲ.①商业会计 Ⅳ.①F715.51

中国版本图书馆 CIP 数据核字(2012)第 147334 号

商贸企业会计实训
主 编:许仁忠 杨 洋

责任编辑:张 岚
封面设计:杨红鹰
责任印制:封俊川

出版发行	西南财经大学出版社(四川省成都市光华村街 55 号)
网 址	http://www.bookcj.com
电子邮件	bookcj@foxmail.com
邮政编码	610074
电 话	028 - 87353785 87352368
照 排	四川胜翔数码印务设计有限公司
印 刷	郫县犀浦印刷厂
成品尺寸	185mm × 260mm
印 张	15.5
字 数	355 千字
版 次	2012 年 8 月第 1 版
印 次	2016 年 7 月第 3 次印刷
印 数	5001— 7000 册
书 号	ISBN 978 - 7 - 5504 - 0714 - 5
定 价	32.80 元

1. 版权所有,翻印必究。

2. 如有印刷、装订等差错,可向本社营销部调换。

3. 本书封底无本社数码防伪标识,不得销售。